Wolf Girl & BLACK PRINCE

Ayuko Hatta

Wolf Girl & Black Prince 14 – Inhalt

WAS BISHER GESCHAH

ERIKA UND KYOYA SIND EIN LIEBESPAAR UND DAS URSPRÜNGLICH NUR ZUM SCHEIN. OBWOHL KYOYA EIGENTLICH KEINE LUST AUF EINE BEZIEHUNG HAT, GELINGT ES ERIKA DENNOCH, SEIN HERZ ZU GEWINNEN. JETZT, IN IHREM LETZTEN SCHULJAHR, MACHEN SIE EINE KLASSENFAHRT NACH HOKKAIDO. ZUFÄLLIG IST AUCH KYOYAS BESTER FREUND TAKERU ZUR GLEICHEN ZEIT DORT UND NUTZT DIE GELEGENHEIT, AYUMI EINE LIEBESERKLÄRUNG ZU MACHEN. ALS NOZOMI DAS MITBEKOMMT, BEFÜRCHTET ER, AB JETZT NUR NOCH DAS FÜNFTE RAD AM WAGEN ZU SEIN. ALSO VERSUCHT ER, TAKERUS ANNÄHERUNGSVERSUCHE ZU STÖREN. TAKERU HINGEGEN SPÜRT NOZOMIS EIFERSUCHT UND VERSICHERT SEINEM FREUND, DASS ER NOZOMI NICHT VERNACHLÄSSIGEN WIRD.
NACH DER RÜCKKEHR AUS HOKKAIDO LADEN ERIKAS ELTERN KYOYA NACH HAUSE EIN. KYOYA SPIELT DEN PERFEKTEN FREUND, DOCH ERIKAS VATER WIRD AGGRESSIV, SOBALD ER ALKOHOL TRINKT. SEIN VERHALTEN KYOYA GEGENÜBER VERDIRBT ALLEN DEN ABEND UND ERIKA WIRD RICHTIG WÜTEND AUF IHREN VATER. KYOYA RÄT IHR JEDOCH, IHM ZU VERZEIHEN. ERIKAS VATER, DER IHR GESPRÄCH MITBEKOMMEN HAT, ENTSCHULDIGT SICH DARAUFHIN BEI KYOYA UND AKZEPTIERT SCHLIESSLICH, DASS DIE BEIDEN EIN PAAR SIND.
ES IST NUN JUNI UND ERIKA WIRD 18! ZUM GEBURTSTAG ORGANISIERT KYOYA EIN DATE MIT IHR. TROTZ GUT ÜBERLEGTEM PLAN LÄUFT ABER IRGENDWIE ALLES SCHIEF. ERIKA IST TROTZDEM SUPER HAPPY MIT IHREM GEBURTSTAG, DA SIE DADURCH MERKT, DASS SIE MIT IHREM SCHATZ ÜBER ALLE MISSGESCHICKE LACHEN KANN. ♡

DIE GANZE GESCHICHTE FINDEST DU IN BAND 1 BIS 13 VON „WOLF GIRL + BLACK PRINCE"!

Wolf
Girl
&
BLACK
PRINCE
Kapitel 48

NOCH NIE ...
4. JULI (DIENSTAG)
HEUTE HAB ICH GEBURTSTAG!
ICH WEISS! HERZLICHEN GLÜCKWUNSCH!
... HATTE ICH INTERESSE AN MEINEM EIGENEN GEBURTSTAG.
ICH WERDE EIN JAHR ÄLTER, ...
... ABER ANSONSTEN IST ALLES SO WIE AN DEN ANDEREN 364 TAGEN.
TSUCHI ORGANISIERT 'NE PARTY FÜR MICH!
ECHT? COOL!
WILLST DU NAO EINLADEN?
JA.

ICH VERSTEHE DAS NICHT …
WIE KANN SIE SO DURCHDREHEN, NUR WEIL SIE HEUTE GEBURTSTAG HAT?
ICH HATTE AN MEINEN GEBURTSTAGEN WEDER BESONDEREN SPASS, …
… NOCH FREUDE, …
EINE POSTKARTE VON MEINEM VATER …
Happy Birthday
4. Juli
Lieber Kyoya, herzlichen Glückwunsch zum Geburtstag!
… NOCH ERLEBNISSE, …
… DIE UNVERGESSLICH GEWORDEN SIND.
TSS,
SCHICK DOCH LIEBER EIN GESCHENK!

ICH MACH EIN NICKERCHEN ...

DAS WAR MEIN 4. JULI BISHER ...

HERZLICHEN GLÜCKWUNSCH ZUM GEBURTSTAG!!

...
... IST MEIN 18. GEBURTSTAG.
JA, DANKE.
HA HA.
SO DES-INTERESSIERT ...
HEY, KYOYA!
GENIESS DEINEN GEBURTSTAG! DU SPIELST DOCH HEUTE DIE HAUPTROLLE!
WIE KÖNNEN SIE SICH ÜBER DEN GEBURTSTAG EINES ANDEREN NUR SO SEHR FREUEN?
HNF
ICH WILL KEINE HAUPTROLLE SPIELEN.
IRGENDEINE NEBENROLLE IST MIR LIEBER.
HEY, ERINNERST DU DICH NOCH ...
... AN DEINEN LETZTEN GEBURTSTAG?
HÄ?

AN DEM TAG PASSIERTE EIN TRAGISCHER UNFALL …
SIEHE BAND 5!
DAS HATTE ICH SCHON LÄNGST VER-GESSEN …
ABER ICH NICHT …
DANN VERGISS ES DOCH ENDLICH!
KANN ICH NICHT!
WORUM GEHT'S DENN?
DAS MUSST DU NICHT WISSEN …
ALSO …
LETZTES JAHR KONNTEN WIR NICHT RICHTIG FEIERN, ABER DIESES JAHR …
DU MUSST ABER NICHTS FÜR MICH TUN.
HÄÄ?!
WIR HABEN KEINE ZEIT ZUM FEIERN.
BALD SIND ABSCHLUSS-PRÜFUNGEN.
STREBER-MODUS

MACH DIR KEINE SORGEN!
VIELLEICHT HAST DU ES NICHT MITGEKRIEGT, ABER ICH LERNE SCHON SUPER-FLEISSIG.
ICH GEHE AUCH ZUM VORBEREI-TUNGSKURS.
SIEHST DU?
ALSO, GAR KEIN PROBLEM!
ZACK
UND? WAS MACHST DU IN LETZTER ZEIT?
BDUM
WEISST DU SCHON, WAS DU NACH DEM ABSCHLUSS MACHEN WILLST?
...
KÜMMERE DICH DOCH ERST MAL UM DIE SACHEN, DIE JETZT ANSTEHEN.
OH MANN ...
SEUFZ
DING DONG
DEIN GEBURTSTAG IST AUCH WICHTIG ...
NEEEIN ...
DER UNTERRICHT BEGINNT.
PATT PATT
SCHWACH-SINN. DAS IST ÜBERHAUPT NICHT WICHTIG.
NUR TYPEN, DIE GEFEIERT WERDEN WOLLEN, FEIERN AUCH ...
...

HEY, KYO!
ICH HAB ES VON ERIKA GEHÖRT …
DU HAST HEUTE GEBURTSTAG, WAS?
HERZLICHEN GLÜCK-WUNSCH! ♡
BIST DU SCHON 18? DANN KANNST DU JA HEIRATEN!
ACH, WER HEIRATET HEUTZU-TAGE SO JUNG?
MACH LIEBER DEN FÜHRER-SCHEIN! EIN AUTO IST SCHON PRAKTISCH!
HA HA …
JA! DAS IST 'NE TOLLE IDEE! LASST UNS ZUSAMMEN ANS MEER FAHREN!
IMMER WENN SIE AUFTAUCHEN, HAB ICH DAS GEFÜHL, ALS WÄRE ICH VON EINEM ANDEREN PLANETEN …

DIESER BAND HAT VIER KOLUMNEN, OBWOHL ES NORMALERWEISE NUR DREI SIND. DABEI HABE ICH NICHT BESONDERS VIEL ZU SCHREIBEN. WAS MACHE ICH JETZT? DESHALB HABE ICH BEI TWITTER MEINE FOLLOWER GEFRAGT, WAS SIE GERNE ÜBER MICH WISSEN WOLLEN! UNTEN ANTWORTE ICH NUN AUF IHRE FRAGEN.

F: GIBT ES IRGENDEIN TABU, WENN DU KYOYA ZEICHNEST?

A: JA! SEINEN NACKTEN KÖRPER ZU ZEICHNEN, VOR ALLEM SEINEN OBERKÖRPER. SEINE BRUST ZU ZEICHNEN IST EIN ABSOLUTES NO-GO! ALS DIESE SERIE ZUM ANIME WURDE, HABE ICH DIE ANIME-PRODUKTION EXTRA DARAUF HINGEWIESEN. DER PERFEKTE PRINZ DARF NIEMALS VOR DEN LESERINNEN NACKT SEIN!

F: WESSEN STIMME KANNST DU AM BESTEN NACHMACHEN?

A: DIESE FRAGE HABE ICH VON EINER FREUNDIN BEKOMMEN, DIE MICH GUT KENNT. STIMMEN IMITIEREN KANN ICH ZIEMLICH GUT! DIE FIGUR, DIE ICH ABER AM BESTEN NACHMACHEN KANN, IST VIDEL VON „DRAGON BALL"! DIE HAUPTFIGUR DES JUDO-ANIME „YAWARA!" KANN ICH AUCH GUT.
FORTSETZUNG FOLGT.

DAS KANN MAN NUR IN KOREA KAUFEN.
...
DU HAST DEINE NÄGEL ZU KURZ GESCHNITTEN!
WARTE MAL, ICH POLIERE SIE DIR!
DIESE GESICHTS-MASKE IST WIRKLICH SPITZE! DAVON KRIEGST DU RICHTIG STRAFFE HAUT!
MÄNNER MIT SCHÖNEN HÄNDEN FINDE ICH SEXY!
DU HAST WIRKLICH SCHÖNE HAUT!
WOMIT PFLEGST DU DEIN GESICHT?
AH!
H... HEY, WAS MACHT IHR MIT MEINEM SCHATZ?!
WAS WIR MACHEN?
EINE SPEZIELLE SCHÖNHEITS-KUR!
EIN GEBURTSTAGS-GESCHENK VON UNS BEIDEN!

DER MANN VON HEUTE TUT WAS FÜR SEINE KÖRPERPFLEGE!
BLING
WOW! COOL! ER GLÄNZT!
ICH MACHE SPÄTER EINE AUSBILDUNG ZUR KOSMETIKERIN.
ICH NICHT, ABER ICH KANN'S AUCH GUT!
GANZ TOLL!
WARUM LÄSST DU DAS MIT DIR MACHEN, KYOYA?
ICH KONNTE MICH NICHT WEHREN …
ICH SCHENKE DIR DIE MASKEN! BENUTZ SIE REGELMÄSSIG!
NEIN, ICH BRAUCHE SIE NI…
DAS IST VON MIR! EIN NAGELÖL, DAMIT DU GESUNDE NÄGEL KRIEGST!
DAMIT WERDEN DIE NÄGEL VIEL HÄRTER!
DAS GEHÖRT AUCH ZUR SCHÖNHEITSKUR! ♡
WOW! DU HAST TOLLE GESCHENKE BEKOMMEN, KYOYA!
ÜBERHAUPT NICHT …
WIR KENNEN UNS JA SCHON LANGE!
ALSO SELBSTVERSTÄNDLICH!

ÜBRIGENS, MEIN GEBURTSTAG IST AM 20. JULI!
ALSO IN DREI WOCHEN!
MEIN GEBURTSTAG IST LEIDER SCHON VORBEI. DER WAR AM 9. MAI!
ABER DU KANNST MIR GERNE NOCH WAS SCHENKEN!
WIR FREUEN UNS DRAUF!
WILLST DU DAS HABEN?
NEIN, DAS IST FÜR DICH! BEHALTE ES DOCH.
...
NA JA ...
AHA, DESHALB ...
DAS IST IHR HINTER-GEDANKE ...
DAS WAREN SCHON NETTE GESCHENKE ...
GEHST DU HEUTE IN DIE MENSA?
NEIN, ICH HAB WAS MITGE-BRACHT.
MURMEL
MURMEL

WOW, DU BIST JA SÜSS! BIST DU AUS DER 10. KLASSE? WIE HEISST DU?
LASS MICH IN RUHE!
ICH WILL MIT KYOYA REDEN.
LENA …
AH!
KYOYA!!
BAMM
!?

WAS IST LOS? KLAMMER DICH NICHT AN MICH.
JA, GENAU!
HOL DIR ZUERST EINE ERLAUBNIS VON MIR!
HE HE
ICH WOLLTE DIR WAS GEBEN!
BITTE SCHÖN!
HERZLICHEN GLÜCKWUNSCH ZUM GEBURTSTAG!
HÄ?
WOHER WEISST DU, WANN ER GEBURTSTAG HAT?
DAS HAST DU MIR MAL ERZÄHLT.
JA?
HAB ICH DAS?

AHA, ALLES KLAR ...
DANKE SCHÖN.
GERNE!
LÄCHEL
...
LÄCHEL
KYOYA, MACH DAS GESCHENK AUF!
PSS
HÄ? JETZT? DAS KANN ICH DOCH ZU HAUSE MACHEN, ODER?
PSS
ACH, DU HAST KEINE AHNUNG! WENN MAN EIN GESCHENK KRIEGT, MUSS MAN ES SOFORT AUFMACHEN. SO IST DIE REGEL.
PSS
PSS
WAAS?
DAS KANN ICH DOCH AUF-MACHEN, WANN ICH WILL ...
RASCHEL
OH, EIN PORTE-MONNAIE!
EIN COOLES DESIGN!
DU TRÄGST OFT KLAMOTTEN VON DIESER MARKE, ODER?
...

HM?
ODER HABE ICH MICH GE-IRRT?
DOCH ...
ABER DAS WAR BESTIMMT NICHT BILLIG ...
WILLST DU MIR DAS WIRKLICH SCHENKEN?
ICH BIN DOCH KEIN KLEINES MÄDCHEN!
ICH HAB GEJOBBT UND GELD GESPART!
ICH HABE MICH NOCH NICHT RICHTIG DAFÜR BEDANKT, DASS DU MIR BEIM LERNEN GEHOLFEN HAST ...
AUSSERDEM BIST DU MIR IMMER NOCH WICHTIG ...
DESHALB WOLLTE ICH DIR ETWAS SCHÖNES SCHENKEN.
ICH WEISS, DASS ES NICHT UM DEN PREIS GEHT, ABER TROTZDEM.
KEINE SORGE! SO TEUER WAR DAS NICHT.
KYOYA ...

EINE SÜSSE ARMBANDUHR!
DU HAST MIR IM LETZTEN MONAT AUCH WAS GESCHENKT!
DAS WAR ABER NICHTS BESONDERES.
ACH, DU BIST EXTRA ZU MIR NACH HAUSE GEKOMMEN! ♡
WEIL ES WOCHENENDE WAR!
DANN NEHME ICH DEIN GESCHENK GERN AN. DANKE ...
GERNE!
NA DANN, SCHÖNEN TAG NOCH!
LASS UNS BALD WIEDER ZUSAMMEN AUSGEHEN!
ABER ZU DRITT, OKAY?!

IST SIE DOOF? MIT DEM GELD HÄTTE SIE WAS SCHÖNES FÜR SICH KAUFEN KÖNNEN …
SIE WOLLTE UNBEDINGT DEINEN GEBURTSTAG FEIERN!
HNF …
HEY!
KYOYA, WARTE MAL!
DU MUSST AN DEINEM GEBURTSTAG NICHT DEN MÜLL RUNTER-BRINGEN!
ÜBERLASS DAS EINFACH MIR!
…
NA DANN, ICH GEHE SCHON MAL ALLES VOR-BEREITEN.
OKAY, BIS NACH-HER!

WAS WILL SIE VORBEREITEN?
IST DAS ETWA ...
OH, NEIN!
DAS KANN ICH DIR NICHT VERRATEN!
DAMIT VERRATET IHR SCHON, DASS IHR WAS VORHABT ...
OKAAAY?
IHR BEIDE ...
ALSO GANZ EHRLICH! ICH WILL KEINE ÜBERRASCHUNGS-PARTY!
KAPIERT?!
WIR HÖREN DICH NICHT!
LAAA LAAAAA!
EGAL WAS IHR VORHABT, ICH WERDE MICH NICHT FREUEN! ICH SCHWÖRE ES!
LAAAA!
AHA HA HA!
IHR HABT ABER GUTE LAUNE!
KUSAKABE!

DANACH HAT ER GAR NICHT GEFRAGT, PLAUDER-TASCHE …
JA, HEUTE IST KYOYAS GEBURTSTAG!
ACH ECHT? GRATULIERE!
DANKE …
OH NEIN … ICH HABE KEIN GESCHENK FÜR DICH …
ACH, DU BRAUCHST MIR NICHTS SCHENKEN.
MACH DIR KEINE GEDANKEN DARÜBER.
OH!
ICH HAB'S! WARTET IHR HIER GANZ KURZ?
WER IST DAS?
ER HEISST KUSAKABE. VOR ZWEI JAHREN WAREN WIR IN DER GLEICHEN KLASSE.
DAS IST EINE LANGE GESCHICHTE …
?

DAS IST FÜR DICH.
BITTE SCHÖN.
GRP
EINE AUBER-GINE?
WAS IST DAS?
SO GROSS!
GURKEN UND TOMATEN …?
PAPRIKA AUCH!
WOHER HAST DU DAS?
AUS DEM GARTEN IM SCHULHOF. ICH GEHÖRE ZUR GARTEN-AG!
PUH
AHA …
SORRY, DASS ICH KEIN RICHTIGES GESCHENK VORBEREITET HABE …
ACH, DAS WAR DOCH GAR NICHT NÖTIG.
ABER SCHÖN, DASS ICH DABEI SEIN DARF!
WIR HABEN SONST KAUM MITEINANDER ZU TUN.
HÄÄ?!

OH, FINDEST DU?
NEE ...
DAS IST SCHON RICHTIG SO ...
TROTZDEM SIND WIR DOCH FREUNDE, ODER?
HAB ICH MIR DAS NUR EINGEBILDET?
DANKE!
!!
HI, KUSAKABE! HAST DU LANGE GEWARTET?
OH, EDANO!
NA DANN! VIEL SPASS NOCH!
WAS IST HEUTE LOS?

STÄNDIG TAUCHT JEMAND AUF UND SCHENKT MIR WAS ...
GWOOOOOH
PUH
FWUPP
!!!
EY, WAS SOLL DAS?! ICH SEHE NICHTS!
ERIKA, ES LÄUFT ALLES WIE GEPLANT! WIR ENTFÜHREN KYOYA UND BRINGEN IHN IN UNSER VERSTECK!
SEHR GUT!
NOZOMI, DU ÜBERNIMMST DIE FÜHRUNG!
EY!
HÖR AUF!
WIE OFT SOLL ICH ES NOCH SAGEN, ...

... DASS ICH KEINE PARTY WILL?
GUUUUT!
DU BIST ANGE-KOMMEN!
ARGH
MANN ...
WOLLT IHR MICH ÄRGERN ODER WIE?!
SORRY! DAS PASSIERT NUR, WEIL DU NICHT AUF MICH HÖRST ...
ÜBERALL GESTOSSEN
SO, JETZT KANNST DU WIEDER SEHEN!
SRR
SRR
DIESER BASTARD ...
ICH VERPASSE DIR 'NEN SCHLAG ...

WAU!
LIME!
WAS MACHST DU HIER?!
HUFF HUFF
LENK
TAKERUS CAFÉ?
ODER?
ERIKA HAT MICH DARUM GEBETEN, MIT IHM HIERHER-ZUKOMMEN.

PFF, WIE DU GUCKST!
REIKA ...
WARUM BIST DU HIER? HAST DU KEINE VORLESUNG?
MACH DIR KEINE SORGEN. DIESES SEMESTER MUSS ICH NICHTS MEHR MACHEN.
ICH HATTE MAL WIEDER LUST, NACH TOKYO ZU KOMMEN. UND WENN ICH SCHON MAL DA BIN, FEIERE ICH DOCH DEINEN GEBURTSTAG MIT.
WIE NETT, WAS?
HÄÄ?
DU WOLLTEST LIME WIEDERSEHEN, ODER?
ABER MEINE SCHWESTER NICHT!
JAJA!
SCHON GUT! GEH EINFACH REIN!
ABER DAS MERKE ICH MIR!
!
WUPP

EY!
SCHUBS MICH NICHT!
HAPPY BIRTHDAY TO YOU …
HAPPY BIRTHDAY DEAR KYOYA …
HAPPY BIRTHDAY TO YOU!

WAAAH
HAPPY BIRTHDAY KYOYA!
HERZLICHEN GLÜCKWUNSCH ZUM GEBURTSTAG!!

BLAS DIE KERZEN AUS!
HÄ …? WAS …?
KOMM, SCHNELL! SONST TROPFEN SIE!
…
FHHH
YEAAAAAH!!
KYOYA, SETZ DICH HIN!
DOMP
HIER IST DER PLATZ FÜR UNSER GEBURTSTAGS-KIND!
…
SST
HIER, EIN GESCHENK FÜR DICH!

WAS IST DAS?
IST DAS ETWA ...
WIE DU SIEHST, EIN SCHWUNGSTAB!
DAMIT KANNST DU DEINE MUSKELN TRAINIEREN!
DU SAGST JA STÄNDIG, DASS DU ERSCHÖPFT BIST.
DAS WIRD 'NE GUTE WÄSCHESTANGE ...
DAS IST VON MIR ...
ICH HAB AUCH EIN GESCHENK FÜR DICH! ♡
EIN EINKAUFSGUTSCHEIN!
ICH FAND ES BESSER ALS WAS BESTIMMTES ZU SCHENKEN, WEIL DU SO SELBER AUSWÄHLEN KANNST, WAS DU HABEN MÖCHTEST!
VON MIR KRIEGST DU EIN SMARTPHONE.
ES IST HÖCHSTE ZEIT, DASS DU EINS HAST!
JA ... DANKE ...

KYOYA …
ICH …
… HABE MIR LANGE ÜBERLEGT, …
… WAS ICH DIR SCHENKEN SOLL …
BITTE SCHÖN …
ALL UNSERE ERINNERUNGEN IN EINEM FOTO-ALBUM! ♡
LEIDER HABEN NICHT ALLE FOTOS REIN-GEPASST …
UND DU HAST AUF KEINEM FOTO GELÄCHELT.
…

IHR HABT DEN RAUM ABER TOLL GESCHMÜCKT!
TAKERU WAR RICHTIG MOTIVIERT UND HAT ALLES ALLEINE GEMACHT.
WEIL ICH HEUTE ZUM ERSTEN MAL SEINEN GEBURTSTAG FEIERE.
NATÜRLICH BIN ICH MOTIVIERT!
ECHT?! OBWOHL IHR EUCH SCHON SO LANGE KENNT?
ABER ICH HAB ERST LETZTES JAHR ERFAHREN, WANN SEIN GEBURTSTAG IST.
WIRKLICH?!
ER HAT NIE WAS GESAGT UND ICH HAB AUCH NICHT GEFRAGT.
AHA ...
BIRTHDAY
DAS ESSEN HAB ICH ÜBRIGENS GESTERN MIT AYUMI VORBEREI...
SCHON GUT.
ICH HAB'S KAPIERT.
BRINGEN WIR ES HINTER UNS, DAMIT ICH SCHNELL WIEDER NACH HAUSE KANN.

ÄHM ...
J... JA, GUT ...
LASST UNS AN-FANGEN.
ÖHM, WAS MACHEN WIR ZU-ERST?
LASST UNS AN-STOSSEN!
...
HABT IHR SCHON EURE GETRÄNKE?
JA, WIR SIND BEREIT!
GUT!
HAPPY BIRTHDAY KYOYA!
ALKOHOLFREI
NA DANN, PRO...
HEY, KYOYA!

WAS SOLL DENN DAS?!
ALLE HABEN SICH SO VIELE MÜHE GEGEBEN UND DU …
HEY, REIKA!
WIR HABEN DAS GEMACHT, WEIL WIR FEIERN WOLLTEN.
UND ER HAT VORHER GESAGT, DASS WIR NICHTS MACHEN SOLLEN …
ICH KANN SCHON VERSTEHEN, DASS ES IHN NERVT …
ICH HAB NICHT GESAGT, DASS ES MICH NERVT …
…

BIST DU ETWA VERLEGEN?
ICH BIN NICHT DARAN GEWÖHNT …
WEIL ICH NOCH NIE FREUNDE HATTE, …
… DIE ZU MEINEM GEBURTS-TAG …
… EINE PARTY ORGANISIERT HABEN.

SORRY, ...
... DASS ICH SO UNGESCHICKT BIN.
MACH DIR KEINE SORGEN!
WIR HABEN VON ANFANG AN NICHT ERWARTET, DASS DU DICH DARÜBER FREUST!
JAJA, GENAU!
WIR LIEBEN DEN SCHROFFEN KYOYA, SO WIE WIR IHN KENNEN! ♡
...
ACH SO ...
HAPPY BIRTHDAY KYOYA!

BIST DU
ERSCHÖPFT?

HAH
HAH
JA, WEIL MEINE LIEBE SCHWESTER MIR NICHT MAL EINE TÜTE ABNIMMT.
DAS SIND DOCH ALLES DEINE GESCHENKE.
DU SCHEINST RICHTIG BELIEBT ZU SEIN.
KYOYA. ♡
KLAPPE.
ICH GEHE MAL DUSCHEN.
BRING DIE GESCHENKE IN DEIN ZIMMER, OKAY?
...
MÖCHTE SIE WIEDER 'NE WEILE HIER WOHNEN?

SEIT WANN ...
WAPP
... GIBT ES SO VIELE MENSCHEN IN MEINEM LEBEN?

WAHR-
SCHEINLICH
IST SIE
SCHULD
DARAN.
WAS
SONST ...
MEIN
GEBURTSTAG
...

… IST NICHT ANDERS ALS DIE ANDEREN 364 TAGE.
ES IST AUCH EIN STINK-NORMALER TAG.
ABER …
DIESE LEUTE LASSEN DEN TAG NICHT ALS EINEN „NORMALEN TAG“ ENDEN.

DAS IST MEIN
4. JULI.

Wolf
Girl
&
BLACK
PRINCE
Kapitel 49

PLING
PLING
NERV
NERV
PLING
PLING
PLING
PLING
PLING
PLING
PLING
PLING

PLING
GROLL
MANN, ES REICHT!
HÖRT AUF, MIR DIESE INHALTS-LOSEN MAILS ZU SCHICKEN!
RATTER
PLING
PLING
HACH, ICH FREUE MICH SEHR, ...
... DASS DU ENDLICH EIN SMARTPHONE HAST! ♡
DAS IST KEINE MAIL, SONDERN EINE CHAT-APP! ♡
DAS WAR 'NE GUTE ENTSCHEIDUNG, DIR EIN SMARTPHONE ZU SCHENKEN!
WAS DENKST DU ÜBER MEINE NEUE FRISUR?
LIES DEINE NACHRICHTEN, KYOYA!
WIE?! IHR SCHICKT NUR KOMISCHE BILDER!
WAS SOLL DAS?! SCHREIB DOCH RICHTIGE SÄTZE!
DAS NENNT MAN STICKER!
VOLL SÜSS, ODER?

MIST …
ICH HÄTTE NICHT ZUM SMARTPHONE WECHSELN SOLLEN …
AM BESTEN BLOCKIERE ICH DIE BEIDEN …
DU KANNST DIE BENACHRICHTIGUNGEN AUCH AUSSCHALTEN.
ES IST SCHON PRAKTISCH. DAMIT KANN MAN WIRKLICH ALLES ERLEDIGEN.
MAG JA SEIN, ABER JE BESSER DIE GERÄTE WERDEN, DESTO DÜMMER WERDEN DIE MENSCHEN …
STIMMT …
MAN HÖRT AUF, SELBST ZU DENKEN …
HA HA HA.
BEISPIELE DAFÜR
HE HE HE.
BALD SIND SOMMERFERIEN …
ABER ICH FREUE MICH GAR NICHT DARAUF …
ICH AUCH NICHT. WIR MÜSSEN JA FÜR DIE ABSCHLUSSPRÜFUNG LERNEN UND HABEN EH KEINE ZEIT, AUSZUGEHEN …
DIE ABSCHLUSSPRÜFUNG …
TJA, WAS MACHE ICH DANACH …

ES GEHT NOCH WEITER!

F: WAS IST DEIN LIEBLINGSMANGA UND -ANIME?

A: MEIN LIEBLINGSMANGA IST „SLAM DUNK". ICH LIEBE DIESEN MANGA MIT ABSTAND AM MEISTEN! BEI ANIME LIEBE ICH „SAILOR MOON". INZWISCHEN BIN ICH AUCH EIN GROSSER FAN VON „ONE PIECE".

F: BIST DU EINE SADISTIN ODER MASOCHISTIN?

A: MASOCHISTIN, AUF JEDEN FALL.

F: WAS MACHST DU GERNE IN DEINER FREIZEIT?

A: ICH SPIELE „SPLATOON", EIN SPIEL AUF DEM NINTENDO. SICHER HABE ICH ES SCHON ÜBER **200** STUNDEN GESPIELT. ICH HABE ES SO INTENSIV GESPIELT, DASS ICH EINE SEHNENSCHEIDENENTZÜNDUNG GEKRIEGT HABE! ICH HABE IN DEN LETZTEN ZEHN JAHREN JEDEN TAG MANGA GEZEICHNET UND TROTZDEM KEINE PROBLEME MIT MEINER HAND GEHABT.

F: WELCHE NEBENJOBS HAST DU SCHON GEMACHT?

IN DER OBERSCHULZEIT HABE ICH IN EINEM SUPERMARKT AN DER KASSE GEARBEITET. ICH KONNTE SUPERSCHNELL TIPPEN! DANACH HABE ICH EIN HALBES JAHR LANG ALS ZEITUNGSZUSTELLERIN GEARBEITET.
SPÄTER HABE ICH BEI EINEM DELI-LADEN UND IM CALLCENTER GEJOBBT, ABER SCHNELL WIEDER GEKÜNDIGT. JETZT HABE ICH WIEDER LUST AUF EINEN NEBENJOB! ZUM BEISPIEL WÜRDE ICH GERN BEI EINER BÄCKEREI ARBEITEN! ODER ESSEN UND GETRÄNKE IN EINEM CAFÉ ZUBEREITEN.
FORTSETZUNG FOLGT.

YEAH!
IRGENDWANN EXPLODIERT DEIN KOPF UND IST ZU NICHTS MEHR ZU GEBRAUCHEN!
AUCH SCHÜLER DER OBERSTUFE MÜSSEN MAL SPASS HABEN! ☆
OOOH ...!

HÖRT SICH SEHR PLAUSIBEL AN ...
DAS SAGEN DIE BEIDEN ...
ABER SIE HABEN SCHON RECHT.
JA, ODER?
MIT DIR KANN MAN ECHT REDEN, NOZOMI!
NICHT SCHLECHT.

ALSO ...

WIR GEHEN ZELTEN, OKAY?!

YEAAAAH!!

ZELTEN?!

BOAAAH, ZELTEN ...

COOLE IDEE! DAS GEHÖRT ZUM SOMMER!

RICHTIG!

AKIS FREUND HAT EIN AUTO.

UND IHR MÜSST NICHTS KAUFEN, WEIL WIR SCHON ALLES HABEN!

ICH GEHE OFT ZELTEN!

HÖRT SICH SEHR SPANNEND AN! DARF ICH AUCH MIT-KOMMEN?
WAS, DU AUCH? DU BIST ABER MANCHMAL SO AN-STRENGEND …
GAR NICHT! WIR SIND DOCH FREUNDE! LASS MICH AUCH MIT-KOMMEN!
WOW, SCHÖN!
ALS ICH NOCH KLEIN WAR, BIN ICH MIT MEINEN ELTERN ZUSAMMEN IN DIE NATUR GEFAHREN. MIT MEINEN FREUNDEN HABE ICH ABER NOCH NIE ZUSAMMEN GEZELTET!
AHA HA HA
DAS MACHT BESTIMMT VIEL SPASS!!
JA, ICH KOMME AUF JEDEN FALL MIT!
COOL! ERIKA, DU BIST TOLL!
ACH, DREI TAGE KANN MAN RUHIG SCHWÄNZEN.
AYUMI, DU STREBERIN …
AYUMI, KOMMST DU AUCH MIT?
ÄHM, SORRY …
ICH HAB EINEN INTENSIVKURS IM SOMMER. DAS WIRD ALSO WOHL NICHT KLAPPEN …
VER-STEHE …
KYO …
DU KOMMST ABER MIT, ODER?
ÄHM, NEIN DANKE …

MANN, BIST DU LANGWEILIG!
WARUM NICHT?! DAS WIRD DIR BESTIMMT GEFALLEN!
KOMM MIT!
AYUMI HAT KEINE ZEIT, ABER DU SCHON, ODER?
LEUTE, DIE GERN ZELTEN GEHEN, SIND MIR SUSPEKT.
WAS HAST DU GEGEN'S ZELTEN?!
AH ...
?
AUSSERDEM WILL ICH MIT DEN BEIDEN MÄDELS NICHT SO VIEL ZU TUN HABEN.
ALSO GEHT LIEBER OHNE MICH.
HNF
HMPF!
NA GUT ...
ICH HAB'S SCHON ERWARTET.
ICH WERDE IHN VERMISSEN ...
ABER WAS BRINGT ES, WENN ER GAR KEINE LUST HAT?!
...

AHA, MACHT ES DIR ALSO NICHTS AUS, …
… WENN ICH MIT ERIKA IN EINEM ZELT SCHLAFE? ♡
WAS?
DIE BEIDEN MÄDELS BRINGEN IHRE FREUNDE MIT.
DANN HABE ICH KEINE ANDERE WAHL.
AUSSERDEM SIND AUF DEM CAMPINGPLATZ VIELE PARTY-LÖWEN …
ICH HOFFE, DASS SIE NICHT VON KOMISCHEN TYPEN AN-GEBAGGERT WIRD.
HEY, HEY!
WOLLEN WIR ZU-SAMMEN GRILLEN?
KOMM DOCH MIT!
WARTET MAL …
ICH KOMME DOCH MIT.

PIU
GROSS-ARTIG, KYO!
NOCH EIN KRÄF-TIGER KERL!
KOMMST DU ALSO DOCH MIT?
ABER WARUM HAST DU ES DIR ANDERS ÜBERLEGT?
DAS HAT KEINEN BESON-DEREN GRUND ...
ICH DACHTE NUR, ES IST VIELLEICHT DOCH NICHT SO SCHLIMM, MAL IN DER NATUR ZU SEIN.
AHA HA HA HA

UM SCHWIERIGE DINGE KÜMMERE ICH MICH SPÄTER!

ES SIND DIE LETZTEN SOMMERFERIEN!
DIE WILL ICH VOLL UND GANZ GENIESSEN!
HÄ?
HUST
HUST
ICH WOLLTE SCHON GERNE MITKOMMEN ...
HUST
ABER ICH HAB 38 GRAD FIEBER ...! 38 GRAD!
MIR WIRD SCHWINDLIG, WENN ICH AUFSTEHE ...
HUST
MACHT EUCH KEINE SORGEN UM MICH ...
GENIESST EUREN URLAUB ...
RÖCHEL

WIE GEHT'S IHM?
ER LIEGT IM STERBEN ...
HÄÄ?!
SO SCHLIMM?!
GUTE BESSERUNG, NOZOMI.
DAFÜR WERDE ICH UNSEREN SOMMERURLAUB DOPPELT SO SEHR GENIESSEN!
ABER JETZT HABE ICH MEINEN SCHATZ FÜR MICH ALLEINE.
SCHADE, DASS ES NICHT AUSFÄLLT.
KEINE LUST
DA SIND SIE!
ERIKA! KYO!
SO WARM ...!
MORGEN, AKI! HEY, MARIN!
HI!
IDEALES WETTER ZUM ZELTEN, ODER?
NEE, ES IST VIEL ZU WARM!

ICH STELLE EUCH MEINEN FREUND VOR.
DAS IST HAJIME MURAI.
HALLO!
YEAH! EIN ELITE-INFORMATIKER!
FREUT MICH, DICH KENNENZULERNEN!
ÜBER DICH HABE ICH SCHON VIEL VON AKI GEHÖRT.
WUPP
WUPP
AKI ERZÄHLT MIR AUCH VIEL ÜBER EUCH.
ES FREUT MICH, DASS IHR MITFAHRT!
ICH BRINGE DAS GEPÄCK INS AUTO.
KYOYA, HILFST DU MIR?
GERN.
...
AKIS FREUND SEHE ICH ZUM ERSTEN MAL!
EIN RICHTIGER ERWACHSENER ...
ER IST EIN JUNGES TALENT EINER BERÜHMTEN APP-FIRMA!
ER VERDIENT VIEL!
WO BLEIBT EIGENTLICH NOZOMI? ER IST GANZ SCHÖN SPÄT DRAN.
ER KOMMT NICHT, WEIL ER SICH ERKÄLTET HAT.
WAS FÜR EIN SCHWÄCHLING!
ABER EGAL. ER KANN RUHIG ZU HAUSE BLEIBEN.
SO GEMEIN ...

WARUM KOMMT DEIN FREUND ATSUMU NICHT MIT?
ER IST GERADE IN HOKKAIDO.
UM SEINEN OPA ZU BESUCHEN.
AH.
NA DANN ... LOS GEHT'S!
JAAAAAAA!!
...
HA HA HA ...
WIR SIND DA!!

MMMH, ES RIECHT SO GUT!
GANZ ANDERS ALS IN DER STADT!
DIE UNTERSCHIEDE WÜRDEST DU NIE ERKENNEN.
DAS IST NUR DEINE EINBILDUNG.
DOCH, DAS KANN ICH ER-KENNEN!
KOMPLETT ANDERS!
FSSH
KYOYA, WAS IST DAS?
EIN MÜCKEN-SPRAY.
GUTE IDEE!
ERIKA!
DRÜBEN IST EIN GROSSER FLUSS!
WIE SCHÖN!
ECHT?! ICH LIEBE FLÜSSE!
HA HA.
GEHT SPIELEN! ICH PASSE AUFS GEPÄCK AUF.
ECHT? DANKE SCHÖN!
KYOYA, KOMMST DU MIT?
NEE.
ICH HAB SCHON WAS VOR.
WAS DENN?
EIN NICKERCHEN IN DER HÄNGEMATTE.
WÜHL

WOW, DAS IST 'NE TOLLE IDEE! ALS ICH NOCH KLEIN WAR, WOLLTE ICH IMMER MAL IN EINER HÄNGEMATTE SCHLAFEN!

WIE IN „MEIN NACHBAR TOTORO“!

JA, DAS IST DIE IDEALE GELEGENHEIT DAFÜR.

HAST DU DAS EXTRA GEKAUFT?

JA. IM INTERNET.

AHA HA HA!

DARF ICH SIE MAL AUSPROBIEREN?

WENN ICH FERTIG BIN, DANN JA ...

ACH, KYOYA! SCHÖN, DASS DU DEN URLAUB GENIESST!

UWAAH!

DAS WASSER IST RICHTIG KALT!

DA IST EIN FISCH! ICH WILL IHN FANGEN!

DRÜBEN KANN MAN EINEN FISCHSPEER AUSLEIHEN!

ECHT?!

DO

DOMM

AHA HA HA HA!
DAS STEHT DIR WIRKLICH GUT!
IYAAAAH!! GEFANGEN!
OB FISCHE ODER JUNGS, ICH LASSE MEINE BEUTE NIE ENT-KOMMEN!
HEY, AKI! KOMM, MACH MIT!
NEE, ICH WILL NICHT NASS WERDEN.
GRINS☆
ACH, WIESO DENN NICHT?!
MEINE KLAMOTTEN SIND SCHON KLATSCHNASS! SOGAR DIE UNTERWÄSCHE!
NEIN!
HÖRT AUF!
SPLASH
KOMM SCHON!
UGAAAH
MANN, HÖRT ENDLICH AUF!
SONST VERLÄUFT MEINE SCHMINKE!
GROOO
DESHALB BIST DU SAUER?!

IN DER NATUR IST ES DOCH EGAL, WIE DU AUSSIEHST …
ICH BIN SOWIESO NICHT GESCHMINKT.
IHR HABT GUT REDEN, MIT EUREN GROSSEN AUGEN.
IHR HABT KEINE AHNUNG, WIE LANGE ICH JEDEN MORGEN DAMIT KÄMPFE.
STIMMT, OHNE SCHMINKE SIEHT SIE GANZ ANDERS AUS.
ECHT? ICH HAB'S NOCH NIE GESEHEN.
ALSO, SIE SIEHT …
… FAST WIE EINE PUPPE AUS.
MARIN, ICH HAB MEINE ZAHNBÜRSTE VERGESSEN.
WER BIST DU?!
SPLASH
KYAAAAAAA!!
MANN … ICH HAB NUR WECHSEL-KLAMOTTEN FÜR MORGEN …
DAS WIRD SCHNELL WIEDER TROCKNEN.
WAS MACHT KYO GERADE?

FHHH
HAH
ACH, WIE SÜSS!
GRINS
JA, ODER?
DA LÄUFT MIR GLATT DAS WASSER IM MUND ZUSAMMEN ...
ERIKA, DU BIST PERVERS ...
WARUM MACHT ER ALS ERSTES EIN NICKERCHEN?
IST ER EIN ALTER MANN, ODER WAS?
...
HEY, HABT IHR DEN GROSSEN SEE DA DRÜBEN GESEHEN?

HÄ?
WAS?
WAS IST LOS?
AHA HA HA HA HA HA!!

SORRY, KYO!
WARST DU ÜBERRASCHT? DU HAST TIEF UND FEST GESCHLAFEN!
ES WAR 'NE GANZ SCHÖNE ARBEIT, DICH BIS INS BOOT ZU SCHLEPPEN, OHNE DICH AUFZUWECKEN!
JA ... ICH DACHTE, ICH WÄRE IM JENSEITS.
GYA HA HA HA!
DANN WÄRST DU SCHON TOT!
DU BIST LUSTIG!
ES WAR GENIAL, WIE DU GEGUCKT HAST!
↑ HEIMLICH BEOBACHTET.
WARUM HAST DU SIE NICHT AUFGEHALTEN?
TJA, SORRY ...
ICH HAB SOGAR MITGEHOLFEN ...
ABER WIR HABEN DICH DANACH GERETTET! ♡
JA, NATÜRLICH! DAS MERKE ICH MIR!
TANTE, KANN ICH EINEN NACHSCHLAG HABEN?
WAS HEISST HIER TANTE, HÄ? BRATE DIR DOCH SELBER WAS, DU VIELFRASS!
SEI NICHT SO UNHÖFLICH, AKI ...
DESHALB WILL ICH NICHTS MIT DEN BEIDEN ZU TUN HABEN.
OBWOHL SIE JA AUCH NETT SEIN KÖNNEN.

AHA? UND WER HATTE SCHISS VOR DEN BEIDEN UND HAT SIE JAHRELANG BELOGEN?
ÖHM …
JAHRELANG BELOGEN? QUATSCH …
DAS MACHST DU JA HEUTE NOCH.
SIE WISSEN IMMER NOCH NICHTS DAVON, DASS DU DAMALS GELOGEN HAST.
ODER?
…
ABER JETZT SIND WIR DOCH EIN PAAR! ALSO IST ES JETZT DOCH AUCH EGAL.
MIR IST DAS SOWIESO EGAL.

OH, FLEISCH SCHMECKT VIEL BESSER, WENN MAN DRAUSSEN ISST.
ICH HOLE MIR EINEN NACHSCHLAG!
SO EIN ALTES THEMA ...
... MUSS MAN NICHT NOCH MAL AUFWÄRMEN!
WOZU SOLL ICH JETZT EINEN AUFRUHR VER-URSACHEN?!
JA, GENAU!
WILLST DU NOCH WAS?
WARTE NOCH EIN BISSCHEN. ES IST GLEICH FERTIG.
AKI, ISS DOCH MAL WAS. ICH KÜMMERE MICH UM DEN GRILL.
JA?
DANKE, HAJIME ...
PUH, DER RAUCH WAR KRASS ...
ENTSPANN DICH!
VOR DEINEM FREUND WILLST DU IMMER SO ERWACHSEN SEIN!
...

BISHER HABE ICH NICHT SO VIEL DARÜBER NACHGEDACHT ...
NORMALERWEISE WÜRDEST DU SO WAS NIE FREIWILLIG MACHEN.
HE HE
KLAPPE! HÖR AUF, MICH ZU NERVEN!
ABER EIGENTLICH ...
... HABE ICH SIE BIS HEUTE IN DEM GLAUBEN GELASSEN, ODER?
...
JA ...
ICH KENNE DIE ANTWORT DARAUF ...
ICH HABE VERSUCHT, NICHT DARÜBER NACHZUDENKEN, ...
LASS UNS LANGSAM INS BETT GEHEN.
WIR TEILEN UNS IN JUNGS UND MÄDCHEN, IST DAS OKAY?
... WEIL ICH ES SELBER SCHLIMM FAND ...
JA, KLAR!

AUF DEM BERG IST ES NACHTS ZIEMLICH KÜHL, WAS?
ICH LIEBE ES, IM ZELT ZU SCHLAFEN! DAS IST WIE EIN GEHEIMVERSTECK!
...
HEY, SCHAUT MAL!
LAKEN
ICH BIN EIN GESPENST!
JAJA, ES IST GRUSELIG.
ICH TRINKE DEIN BLUT!
HEY, HÖR AUF!
DAS IST KEIN GESPENST, SONDERN EIN VAMPIR.

DAS PASST GAR NICHT ZU MIR, WAS?
HE HE. ☆
DU BIST GANZ SCHÖN AUFGE-DREHT. WAS IST LOS?
ROLL
IHI HI HI HI HI HI HI! ♡
BOAH ...
HAT SIE WAS KOMISCHES GEGESSEN?
DAS IST DOCH DAS ERSTE MAL, ...
... DASS WIR MÄDELS ZU DRITT ÜBER-NACHTEN!
WIR SEHEN UNS ZWAR JEDEN TAG IN DER SCHULE, ABER IN DEN FERIEN UNTERNEHMEN WIR SELTEN WAS ZUSAMMEN.
OBWOHL AKI UND ICH UNS SCHON ÖFTER MAL TREFFEN ...
DESHALB BIN ICH JETZT SUPER AUFGEREGT!

JA, DA HAST DU RECHT.
DU UNTERNIMMST JA KAUM WAS MIT UNS, ...
... SEITDEM KYOYA UND AYUMI MIT DIR IN DIE GLEICHE KLASSE GEKOMMEN SIND.
HÄ?! DAS STIMMT NICHT!
HE HE ...
WAR NUR EIN SCHERZ!
ABER ICH LASSE EUCH HEUTE NACHT NICHT SCHLAFEN.
LASS UNS GANZ VIEL QUATSCHEN!!
WAS MEINST DU, ERIKA?

JA, DAS IST GUT.
ABER BEVOR ES SO RICHTIG LUSTIG WIRD, MÖCHTE ICH EUCH NOCH WAS GESTEHEN.
OKAY ...?
IST ES WAS ERNSTES? ICH HAB EIN BISSCHEN ANGST ...
...
ACH WAS? ICH BIN VOLL NEUGIERIG!
HMM, NA GUT ... UND? WORUM GEHT'S DENN?
ABER ERZÄHL KEIN LANG-WEILIGES ZEUG, OKAY?
UNSERE ERWAR-TUNGEN SIND JETZT RICHTIG HOCH.
JA, ALSO ...

ES WAR GELOGEN, ...
... DASS KYOYA UND ICH ZUSAMMEN SIND.
HÄ?!
WAS MEINST DU DENN DAMIT?!
WIE?! SEID IHR GAR NICHT ZUSAMMEN?
DOCH, DOCH! SORRY, ICH MUSS ES ANDERS FORMULIEREN.
JETZT SIND WIR WIRKLICH ZUSAMMEN, ABER ...
... AM ANFANG HABE ICH NUR SO GETAN, ALS WÄRE ER MEIN FREUND.
...?

„PROBIER'S DOCH MAL!"
„OH, DAS IST MEIN SCHATZ!"
„VIELLEICHT MACHT ES DIR JA SPASS!"
BIS DAHIN HATTE ICH NIE EINEN FREUND ...
UND DIE GESCHICHTEN, DIE ICH EUCH DAMALS ERZÄHLT HABE, HABE ICH ALLE ERFUNDEN.
„WEIHNACHTEN?"
„NATÜRLICH FEIERN WIR ZUSAMMEN!"
ICH WOLLTE EUCH EIGENT-LICH ...
... IN DEM GLAUBEN LASSEN, ABER ...
ENTSCHULDIGT, ...
... DASS ICH EUCH DIE GANZE ZEIT BELOGEN HABE.

WAS FÜR 'NE VERRÜCKTE GESCHICHTE!
HÖRT SICH JA SUPER-SPANNEND AN!
HÄ?!
ALSO, WARTE MAL! ICH BIN NOCH EIN BISSCHEN VERWIRRT.
ERZÄHL NOCH MAL RICHTIG.
DU HAST KYO DARUM GEBETEN, DEINEN FREUND ZU SPIELEN, RICHTIG?
ABER WELCHE BEZIEHUNG HATTET IHR DAVOR?
ÖHM ... ICH KANNTE IHN GAR NICHT ...
ICH HABE IHN ZUFÄLLIG IN DER STADT GESEHEN UND HEIMLICH FOTOGRAFIERT, OBWOHL ER MICH DABEI ERWISCHT HAT ...
PFFF
HEIM-LICH FOTO-GRA-FIERT?!
WAR DAS VIELLEICHT DAS HANDY-FOTO, DAS DU UNS MAL GEZEIGT HAST?!
UND?!
UND?!

UND … ICH HABE NICHT GEWUSST, DASS ER AUCH AUF UNSERE SCHULE GEHT …
DESHALB HAB ICH IHN VERZWEIFELT DARUM GEBETEN, EUCH NICHTS ZU ERZÄHLEN …
GYA HA HA HA HA
NEIN, ODER?!
OH, NEE! DAS GIBT'S NICHT!
ALSO WAREN DIE GANZEN GESCHICHTEN NUR ERFUNDEN?

ABER JETZT SEID IHR WIRKLICH ZUSAMMEN, ODER?
MICH INTERESSIERT, WIE IHR DANACH EIN RICHTIGES PÄRCHEN GEWORDEN SEID!
OH MANN! DARÜBER KÖNNEN WIR DIE GANZE NACHT LANG REDEN!
…

SEID IHR NICHT SAUER?
HM?
WEIL ICH EUCH DIE GANZE ZEIT BELOGEN HABE.
STÖRT ES EUCH NICHT?

BELOGEN SAGST DU.

ABER DU HAST DAS JA NICHT MIT BÖSER ABSICHT GEMACHT.

GENAU.

SOLANGE ES NIEMANDEN VERLETZT, IST MIR RELATIV EGAL, WAS MAN ERZÄHLT.

DAS IST ALBERN, ABER MEHR NICHT!

HA HA HA.

UND WIR FANDEN DEINE GESCHICHTEN SCHON DAMALS VERDÄCHTIG.

WARUM HAST DU ÜBERHAUPT GELOGEN?

ÄHM ...

ICH HATTE ANGST, DASS ICH GAR NICHT MITREDEN KANN ...

UND IHR HABT IMMER ÜBER EURE FREUNDE GEREDET ...

JA, ES IST NICHT EINFACH, EIN MÄDCHEN ZU SEIN.

MAN SCHLIESST SICH DEN ANDEREN AN, WEIL MAN NICHT ALLEINE SEIN WILL ...

SOLCHE PROBLEME GIBT'S IN JEDER MÄDCHEN-GRUPPE!

ALSO, WIE DU DARAUF GEKOMMEN BIST, IST UNS EGAL!
WAS UNS INTERES-SIERT, SIND GESCHICHTEN ÜBER KYO!
ERZÄHL, WAS DANACH PASSIERT IST!
AKI, MARIN, IHR SEID WIRKLICH GROSSHERZIG …
BEI UNS ZÄHLT NUR DER SPASS.
…
IST DAS IN ORDNUNG?
ABER ICH MAG …
… GENAU DIESEN CHARAKTER-ZUG AN EUCH …
UND …
FLÜSTER
DU HAST MAL ERZÄHLT, DASS DU BEIM SEX GEFESSELT WIRST.
STIMMT DAS ODER HAST DU NUR GE-FLUNKERT?

ÄHM ...
ALSO ... EHRLICH GESAGT ...
WAS?!
IST DAS DEIN ERNST?!
ES TUT MIR LEID ...
ICH HÄTTE ES EUCH VIEL FRÜHER SAGEN SOLLEN ...
ICH FINDE, ...
KYA! KYA!
SIE SCHEINEN RICHTIG SPASS ZU HABEN.
...
SIE SIND LAUT ...
... DASS WIR NUN ENDLICH RICHTIGE FREUNDINNEN GEWORDEN SIND.

BRAUCHST DU OHREN-STÖPSEL?
SST
SST
NEIN, ES GEHT SCHON.
KYAA! DAS GIBT'S NICHT!
ICH MÖCHTE NOCH EIN BISSCHEN IHRE STIMME HÖREN ...
?
AHA HA HA HA!
DAS IST SO WITZIG ...!
ICH HÄTTE NICHT GE-DACHT, DASS KYO SO EIN TYRANN IST!

DEINE GESCHICHTEN SIND ECHT UNGLAUBLICH! ICH KRIEGE GLEICH EINEN LACHKRAMPF ...
ABER SEHR UNTER-HALTSAM!
WIE WÄR'S, WENN DU DAS IN EINEM BLOG SCHREIBST? VIELLEICHT WIRST DU 'NE TOP-BLOGGERIN UND VERÖFFENTLICHST EIN BUCH!
NEIN, ICH SCHREIB NICHTS DARÜBER!
OH!
DRAUSSEN WIRD ES SCHON WIEDER HELL ...
STIMMT ...
WIR HABEN ECHT LANGE GE-QUATSCHT.
NEIN ...
WENN WIR JETZT NICHT SCHLAFEN, WIRD'S MORGEN RICHTIG ANSTRENGEND ...
...
DANN MÖCHTE ICH EUCH AM ENDE AUCH WAS GESTEHEN.
OBWOHL ES NICHT SO SPANNEND IST WIE ERIKAS GESCHICHTE.
ICH SCHWITZE WIEDER ...
HA HA ...
KEIN PROBLEM! ERZÄHL RUHIG!

WENN DIE FERIEN VORBEI SIND, …
… TRENNE ICH MICH VON MEINEM FREUND.
HÄÄÄ?!
NEIN, DAS MEINST DU DOCH NICHT ERNST, ODER?!
PSSSST!
SCHREI NICHT! ALLE SCHLAFEN SCHON!
HÄ?
ABER WARUM? WAS IST MIT EUCH?!
AH!
HAT ER JETZT 'NE NEUE FRAU?! IST ER FREMDGEGANGEN?
ODER HAT ER SCHON GENUG VON DIR?
NEIN, GAR NICHT …

ER ZIEHT NACH EUROPA. WEGEN SEINER ARBEIT …
ABER WOHIN GENAU?
E… EUROPA?
WELCHES LAND?
UND ICH HABE KEINE LUST AUF EINE FERN-BEZIEHUNG.
MÖCHTEST DU NICHT MIT-GEHEN?
JETZT HAST DU NOCH DIE SCHULE, ABER NACH DEM ABSCHLUSS …
ACH, NEIN! DAS KOMMT GAR NICHT INFRAGE!
ICH KANN NICHT IM AUSLAND LEBEN.
UND ENGLISCH KANN ICH AUCH NICHT.
HIER HABE ICH MEINE FREUNDE UND FAMILIE …
AUSSERDEM WILL ICH JA INNEN-ARCHITEKTUR STUDIEREN.
ALSO, ES GEHT NICHT ANDERS.
IHR MÜSST NICHT TRAURIG SEIN!
WIR HABEN DAS BESPROCHEN UND GEMEINSAM ENTSCHIEDEN.

ECHT? ICH KANN IMMER NOCH NICHT GLAUBEN, DASS IHR WIRKLICH SCHLUSS MACHT ...
IHR HABT JA NICHTS DAVON ERZÄHLT ...
NA JA, NACH DEM SOMMER WERDET IHR ES SEHEN.
...
JETZT BIN ICH ABER ECHT MÜDE GEWORDEN ...
LASST UNS EIN BISSCHEN SCHLAFEN.
ES GEHT NICHT ANDERS, ...
... SAGT SIE.
MANCHE LIEBES-BEZIEHUNGEN ...
... ENDEN EINFACH SO ...
EUROPA IST WIRKLICH WEIT WEG ...

WAS WÜRDE ICH MACHEN, WENN ICH AN IHRER STELLE WÄRE?
DAS IST NOCH HÄRTER, ALS WENN SIE SICH AUSEINANDER-GELEBT HÄTTEN ...
... ODER ER FREMDGEHEN WÜRDE, ...
... OBWOHL SIE SICH NOCH IMMER LIEBEN ...

Wolf Girl & BLACK PRINCE
Kapitel 50

HALLO, ICH BIN AYUKO HATTA.
DAS IST BAND 14! ERIKA UND IHRE FREUNDE SIND BALD MIT DER SCHULE FERTIG UND BEREITEN SICH AUF IHRE ZUKUNFT VOR.
ICH HOFFE, DASS SIE DIE RESTLICHEN TAGE SCHÖN GENIESSEN UND SPÄTER NICHTS BEREUEN!
ÜBRIGENS, „WOLF GIRL + BLACK PRINCE“ WIRD JETZT ZUM REALFILM! AUS DIESER SERIE SIND BEREITS EINE HÖRSPIEL-CD UND EIN ANIME ENTSTANDEN UND NUN WIRD SIE VERFILMT! ICH BEDANKE MICH BEI ALLEN LEUTEN GANZ HERZLICH, DIE DIE SERIE UNTERSTÜTZEN.
ICH WEISS, DASS ES VERSCHIEDENE MEINUNGEN ÜBER DIE REALVERFILMUNG ZU DIESER SERIE GIBT, ABER ICH WÜRDE MICH TROTZDEM SEHR FREUEN, WENN IHR DEN FERTIGEN FILM ANSCHAUEN WÜRDET. UND ICH FREUE MICH AUCH SCHON DARAUF!

MARIN! ERIKA!

TSCHIEP

TSCHIEP

UUH ...

STEHT ENDLICH AUF!

DIE JUNGS SIND SCHON LÄNGST WACH.
HIER, TRINKT WAS! GEHT MAL EURE GESICHTER WASCHEN.
FWUPP
...
ERIKA ...
HAST DU GUT GE-SCHLA-FEN?
HMM ... NEIN, NICHT SO GUT ...
ICH AUCH NICHT ...
AKIS GESCHICHTE WAR ZU KRASS ...
ICH KANN DAS IMMER NOCH NICHT GLAUBEN ...

„WENN DER SOMMER VORBEI IST, …"
„… TRENNE ICH MICH VON MEINEM FREUND."
STIMMT …
ICH AUCH NICHT …
HEY …
HABT IHR NOCH MINERAL-WASSER?
ICH WILL MIR DIE ZÄHNE PUTZEN.
MORGEN, KYOYA! HAST DU GUT GESCHLAFEN?
NEE … MEINE NACHBARINNEN WAREN SEHR LAUT.
OH, ENT-SCHULDIGE …
WAR ES SEHR SCHLIMM?
HEEEEY, KYO!!
BATSCH
!!

MORGEN!
HM? WARUM WIRST DU NICHT SAUER?
DU MUSST NICHT MEHR DEN PERFEKTEN PRINZEN SPIELEN!
HÄ?
„DREH DICH DREI MAL, GIB PFÖRTCHEN UND SAG WAU!“ ODER WAS HAST DU DAMALS GESAGT?
„ICH BIN DEIN HERR! HÖR AUF MICH, DUMMER KÖTER!“
SO WAS AUCH?
ODER DOCH NICHT?
BDUMM
ERIKA ...
ICH WÄRE NIE DRAUF-GEKOMMEN, DASS DU DIE ROLLE DES NETTEN PRINZEN „NUR GESPIELT“ HAST!
ODER, MARIN?
...
J... JA, DAS WAR EIN SCHOCK.

Irgendwann musste ich ihnen doch die Wahrheit erzählen …

Ja, aber du plapperst einfach zu viel.

Verzeih mir!

GRK

GRK

Aha ha ha ha!

Er ist wirklich so, wie Erika es uns gestern erzählt hat.

Alles okay? Anscheinend habt ihr zu viel Energie.

Seid ihr alle schon aufgestanden?

KYOYA UND ICH BAUEN DIE ZELTE AB.
KÖNNT IHR DREI FRÜHSTÜCK HOLEN GEHEN?
DA UNTEN IST EIN KLEINER LADEN.
OKAAAY!
OH ...
ICH WERDE EUCH BEIM ABBAU HELFEN. HIER BRAUCHT MAN BESTIMMT MEHR LEUTE, ODER?
...
JA, DANN HILF MIT!
SIE SCHAFFEN DAS SCHON ZU ZWEIT!
KYO, DU KOMMST MIT UNS ZUSAMMEN FRÜHSTÜCK HOLEN!
WUPP
AH ...

ABER ICH WOLLTE BEIM ABBAU HELFEN ...
JETZT KOMM EINFACH!
OB SIE WIRKLICH BALD SCHLUSS MACHEN?
WARUM MÜSSEN WIR ZU DRITT EINKAUFEN?

DU FRAGST WARUM?
WEIL WIR DIE BEIDEN MÖGLICHST ALLEINE LASSEN SOLLTEN!
WOZU? SIE KÖNNEN SICH JEDERZEIT ZU ZWEIT TREFFEN.
NEIN, EBEN NICHT! SIE HABEN BALD KEINE ZEIT MEHR!
HÄ ...?
...
SIE MACHEN SCHLUSS, WENN DER SOMMER VORBEI IST ...
AHA ...
ER GEHT WEGEN SEINER ARBEIT NACH EUROPA ...

ES GEHT NOCH WEITER!

F: AUF WELCHEN TYP MANN STEHST DU?

A: ICH LIEBE MÄNNER, AUF DIE MAN SICH VERLASSEN KANN! WENN SIE SICH GUT BENEHMEN KÖNNEN, IST ES NOCH BESSER. ABER EHRLICH GESAGT, WEISS ICH NICHT GENAU, WAS MEIN TYP IST ...

F: WIE ENTSCHEIDEST DU DIE NAMEN DER FIGUREN?

A: EINFACH NACH GEFÜHL! WENN ICH DAS GESICHT ZEICHNE, FÄLLT MIR MEISTENS EIN NAME EIN. ICH BEVORZUGE NORMALERWEISE DEN ERSTEN NAMEN, DER MIR EINFÄLLT, AUCH WENN ER KOMISCH KLINGT. DIE NAMEN VON TERAPON UND AYUMI HABE ICH AUSNAHMSWEISE VON MEINEN FREUNDEN GELIEHEN. DAS HATTE ABER AUCH KEINEN BESONDEREN GRUND ...

F: WELCHE KÖRPERTEILE DER MÄNNER MAGST DU?

A: ***MUSKELN!! LANGE HAARE!! BART!!***

REDE DOCH NICHT SO EINEN QUATSCH.
WAS WÜRDEST DU DENN MACHEN, WENN DU AN SEINER STELLE WÄRST?!
ICH ...
...

KIOSK
KEINE AHNUNG.
ICH WÜRDE MIR ES ERST ÜBERLEGEN, WENN ES SO WEIT IST.

GRML
ABER SIE HABEN DIESE ENTSCHEIDUNG GEMEINSAM GETROFFEN, ODER?
ALSO WO IST DAS PROBLEM?

WEGEN AKI ...

GLAUBST DU, DASS DAS FÜR SIE WIRKLICH OKAY IST?

NEIN, NATÜRLICH NICHT! DAS KANN ICH NICHT GLAUBEN!

SIE IST WIRKLICH IN HAJIME VERKNALLT!

MAMPF

MAMPF

BEVOR SIE IHN KENNENGELERNT HAT, HATTE SIE STÄNDIG WECHSELNDE FREUNDE.

ABER JETZT IST SIE SCHON SEIT DREI JAHREN MIT IHM ZUSAMMEN! DAS IST EIN WUNDER!

KANN MIR NICHT VORSTELLEN, DASS IHR DIE TRENNUNG NICHTS AUS-MACHT.

...

MARIN, DU HAST RECHT.

WENN ICH AN IHRER STELLE WÄRE, ...

... KÄME ICH ÜBERALL HIN MIT!

ICH WÜRDE ALLES TUN, DAMIT ICH BEI IHM BLEIBEN KÖNNTE!

AAAAAAAAAH!
JAJAAAAA!!
JAAAAAAH!!
WOSH
IHR BEIDEEE!
HEEEY!
MARIN, HALT DICH GUT FEST!
WIE EIN AFFE ...
COOL, DAS MACHT JA RICHTIG SPASS!
DARF ICH DAS NOCH MAL MACHEN?!
KLAR!
DU BIST DIE KÖNIGIN DES DSCHUNGELS!
HEY, MARIN!
WOLLTEN WIR NICHT MIT AKI REDEN?
DU VERGNÜGST DICH WIE EIN KLEINKIND!
OH, SORRY! DIESER KLETTERPARK IST SO TOLL ...

UNSERE MÄNNER SIND ECHT LANGWEILIG.
DIE JUNGS MACHEN EINE PAUSE.
WOZU SIND SIE ÜBERHAUPT HERGEKOMMEN?
AKI!
GRAPP
HÄ?
WIR WOLLTEN NOCH MAL ÜBER DICH UND HAJIME REDEN!
AKI, DU SOLLTEST MIT IHM GEHEN!
HÄÄ?
JA, GENAU!
DU WIRST ES BEREUEN, WENN DU MIT IHM SCHLUSS MACHST.
WAS SOLL DAS?
WIE GESAGT, ICH HABE MIT IHM SCHON DARÜBER GESPROCHEN.
ABER BIST DU WIRKLICH DAMIT EIN-VERSTANDEN?

JA, KLAR!

EINE ANDERE WAHL HABE ICH NICHT.

ER GEHT NACH ÜBERSEE.

NICHT EINFACH IN DIE NACHBARSTADT.

AUSSERDEM WÜRDEN MEINE ELTERN ES NIE ERLAUBEN.

UND SELBST WENN ICH MIT IHM GEHEN WÜRDE, WAS MACHE ICH DANN?

ICH MUSS DOCH AN MEINE ZUKUNFT DENKEN.

WIR SIND JA KEINE KLEINEN KINDER MEHR.

UND WENN DU IHN HEIRATEST?

HÄÄ?

HÖR AUF, SO EINEN MIST ZU ERZÄHLEN!

ICH WILL EINE HEIRAT NICHT ALS AUSREDE BENUTZEN!

…

ICH WEISS, DASS IHR NUR DAS BESTE FÜR MICH WOLLT …

ABER ES IST SCHON OKAY …
LIEBE IST DOCH NICHT ALLES.
SCHLUSS MIT DER DISKUSSION! LASST UNS WEITERMACHEN!
KOMM! MARIN, DAS DA DRÜBEN WIRD DIR BESTIMMT GEFALLEN!
AKI …
WENN DU DAS WIRKLICH SO MEINEN WÜRDEST, WÜRDEST DU NICHT SO TRAURIG SCHAUEN …
GUT …
WOLLEN WIR WEITER NACH OBEN FAHREN?
DA IST EIN AUS-SICHTS-TURM.
LETZTES JAHR WAREN WIR DORT!
KÖNNEN WIR DENN GAR NICHTS DAGEGEN TUN?
JA, GE-NAU.
…

HEY, HAJIME ...

WARUM GEHST DU EIGENTLICH INS AUSLAND?

DU WILLST DICH DOCH NICHT VON AKI TRENNEN, ODER?

HEY, MARIN!

SIE NIMMT GAR KEIN BLATT VOR MUND!

SCHON WIEDER DIESE GESCHICHTE? WIR HABEN SCHON GENUG DARÜBER GESPROCHEN!

ES REICHT LANGSAM.

DOCH, DAS MUSS ICH FRAGEN!

...

HA HA HA.

MARIN, DU DENKST ECHT VIEL AN DEINE FREUNDIN.

JA, NATÜRLICH! ÜBRIGENS, ICH KENNE AKI NOCH LÄNGER ALS DU!

SIE IST MEINE BESTE FREUNDIN!

ICH BIN NOCH NICHT ÜBERZEUGT.

ICH BIN DEINE FREUNDIN ...

... UND HABE EIN RECHT, DEN WAHREN GRUND ZU ERFAHREN!

NATÜRLICH BIN ICH TRAURIG.
ABER ...
ICH HABE MICH DAZU ENTSCHIEDEN, IM AUSLAND ZU ARBEITEN.
UND ICH WILL SIE NICHT ZWINGEN, MIT-ZUKOMMEN.
AKI HAT IHR EIGENES LEBEN.

SELBST WENN MAN SICH LIEBT, ...
... MACHT LIEBE NICHT ALLES MÖGLICH.
DAS SPÜRTE ICH ZWISCHEN DEN ZEILEN.
SO WINDIG!
SIE MACHEN SCHLUSS, UM SICH IHRE TRÄUME ZU ERFÜLLEN ...
DAS TUN SIE, WEIL SIE DIE MEINUNG DES ANDEREN RESPEKTIEREN.

DAS IST ABER EINE HARTE ENTSCHEIDUNG.
DA SIND WIR WIEDER ...
LETZTES MAL, ALS WIR HIER WAREN, WAR'S NOCH IM WINTER, ODER?
JA ...
UND AUF DEM RÜCKWEG IST DAS AUTO WEGEN DER KÄLTE LIEGEN GEBLIEBEN.
HA HA.
JA, STIMMT!
...
BIST DU SCHON FERTIG MIT DEN VORBEREITUNGEN?
JA. DIE AUFENTHALTSGENEHMIGUNG HABE ICH AUCH SCHON BEKOMMEN.
SCHÖN.
ICH WÜNSCHE DIR VIEL ERFOLG!
DANKE.
ES TUT MIR LEID ...
SCHON GUT. MACH DIR KEINE SORGEN.

ICH WERDE BALD EINEN COOLEN FREUND FINDEN ...
... UND GENIESSE MEIN LEBEN IN JAPAN!
JA ...
DAS KLINGT GUT.
ICH HABE DURST.
ICH HOLE MIR WAS ZU TRINKEN.
JA.

AKI, WOHIN GEHST DU?
HEY!
ERIKA, WARTE MAL!

AKI!
FREE ALIVE
ICH …
… WUSSTE DOCH SCHON VORHER, …
… DASS DIESER TAG KOMMT …
ABLSO WARUM MUSS ICH WIEDER WEINEN?
FREE

SMOKING LOUN

HN?
WO SIND DIE MÄDELS?
KEINE AHNUNG.
SIE SIND IRGENDWOHIN GEGANGEN.
HA HA ...
HACH ...
ICH BIN ECHT GEMEIN, ODER?

NEE, ICH KANN DICH SCHON VERSTEHEN.
JEDER HAT ANDERE PRIORITÄTEN.
...
WENN ICH GANZ EHRLICH BIN, ...
... MÖCHTE ICH SCHON, DASS SIE MITKOMMT.
HA HA!
DAS KANN ICH NICHT.
WENN ICH DAS TUE, MUSS SIE ZU VIEL AUFGEBEN.
DANN SAG IHR DAS.
DAFÜR KANNST DU IHR WAS NEUES BIETEN.

WOW ...
DU HAST ABER SELBST-VERTRAUEN.
NEE, ICH SAG DAS NUR, WEIL ES NICHT UM MICH GEHT.
ABER WENN DU DAVON NICHT ÜBERZEUGT BIST, ...
... MUSST DU SCHON WAS MACHEN, DENKE ICH.
...
JA, DU HAST RECHT.
ABER DAS KANNST DU NUR SAGEN, WEIL DU NOCH JUNG BIST.
DIE ANGELEGEN-HEIT IST NICHT SO EINFACH.
FINDEST DU?
DAS GEGENTEIL IST DER FALL. WEIL DU KEIN KIND MEHR BIST, KANNST DU ALLES MACHEN, WAS DU MÖCHTEST.

DU KANNST ALLES SELBER ENTSCHEIDEN ...
... UND ALLE VERANT-WORTUNG ÜBERNEHMEN.
DU TRAUST DICH BLOSS NICHT, ODER?
WENN DU SIE WIRKLICH NICHT VERLIEREN WILLST, ...
... SOLLTEST DU ALLES TUN, WAS IN DEINER MACHT STEHT.
WÜRDEST DU DAS MACHEN, KYOYA?

JA, WÜRDE ICH.

VERSTEHE ...

AKI …
TRENN DICH NICHT VON IHM!
…
UH …
SO WAS KANNST DU DOCH NICHT EINFACH SAGEN …
ICH WEISS, DASS ES SCHWIERIG IST.

ABER TROTZDEM, PROBIERE ES!
NATÜRLICH HAT MAN ANGST, WENN MAN NICHT WEISS, WAS DIE ZUKUNFT BRINGT …
ABER DAS WIRD SCHON GUT GEHEN.
DU BIST NICHT ALLEIN.
JEMAND, DEN DU LIEBST, IST IN DEINER NÄHE.

WENN ICH MIR VOR-STELLE, ...
... DASS ICH MICH VON KYOYA TRENNEN MÜSSTE ...
... UND VERSUCHEN WÜRDE, ...
... EINEN VÖLLIG ANDEREN JUNGEN ZU LIEBEN ...
DAS MACHT MIR VIEL MEHR ANGST!

DAS GEHT NICHT.
DAS ...
... WILL ICH AUF KEINEN FALL!
AKI ...

ICH WILL AUCH …
… NUR MIT DIR ZUSAMMEN SEIN.
WOLLEN WIR NOCH MAL ZUSAMMEN DARÜBER NACHDENKEN?

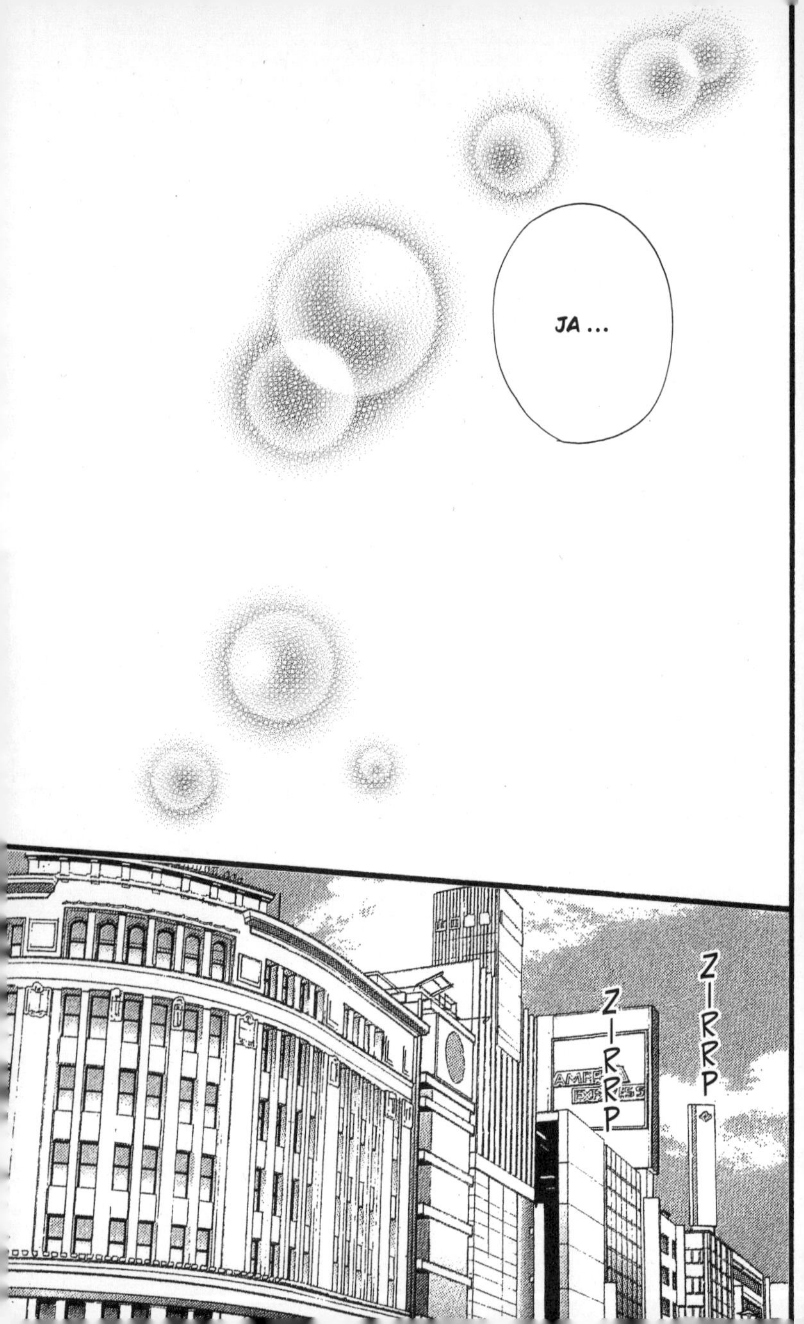
JA ...
ZIRRP
ZIRRP

*EINE HOCHSCHULE VON ZWEI ODER DREI JAHREN DAUER

PLING

EINE NACHRICHT VON AKI!

AKI

ICH HABE „SPEED LEARNING" GEKAUFT UND LERNE JETZT ENGLISCH!

EIN PAAR TAGE ZUVOR ...

ICH HABE MICH ENTSCHIEDEN!

NACH DEM ABSCHLUSS FLIEGE ICH ZU HAJIME!

DAS MACHE ICH AUF JEDEN FALL!

WOW, AKI!

DU HAST DICH ENTSCHLOSSEN?!

GANZ TOLL!

INNEN-ARCHITEKTUR KANN MAN JA AUCH DORT STUDIEREN.

UND ICH HATTE IMMER INTERESSE AN ITALIENISCHEM DESIGN.

ALSO DAS PASST GUT.

JA ...

JA ...

WIE ERWARTET SIND MEINE ELTERN DAGEGEN ...

ABER ICH WERDE SIE NOCH ÜBER-ZEUGEN.

WENN'S GAR NICHT ANDERS GEHT, BRENNE ICH MIT IHM DURCH!

ABER ALS ERSTES MUSS ICH ENGLISCH LERNEN.

VIEL ERFOLG!

...

DAS HEISST, WIR SEHEN DICH NACH DEM ABSCHLUSS GAR NICHT MEHR ...

ACH, QUATSCH!

BOFF

ICH MACHE MIR GAR KEINE SORGEN, WEIL IHR MEINE FREUNDINNEN SEID!

WIR SIND VIEL ENGER MITEINANDER VERBUNDEN ...

... ALS IN EINER LIEBES-BEZIEHUNG!

WAS IST LOS?

WAS GRINST DU DENN SCHON WIEDER?

OH ...

NICHTS!
LASS UNS GEHEN!
AKI, ICH WÜNSCHE DIR ALLES GUTE!
DU SCHAFFST DAS, EGAL WAS IN ZUKUNFT PASSIERT …
DAS HÖRT SICH GUT AN … NÄCHSTES MAL GEHE ICH DORTHIN.
SST

WAS DENN?
KYOYA!
ICH WERDE …
… IMMER BEI DIR SEIN!
SCHON KLAR. KLAMMER DICH NICHT AN MICH. ES IST ZU WARM DAFÜR.
AH!
!
SO IST'S BESSER.

ICH WILL IMMER BEI KYOYA SEIN, ...
... EGAL WAS DIE ZUKUNFT BRINGT.
HERRN NORIO SHINOHARA
SETAGAYA, TOKYO

Wolf
Girl
&
BLACK
PRINCE
Kapitel 51

EIS

TakeOut

OPEN

HACH ...

DIE HÄLFTE DER SOMMERFERIEN SIND VORBEI ...

AAHH ...

JA, ECHT SCHNELL, ODER?
WENN FERIEN IMMER VON SO EINEM KUMMER BEGLEITET WERDEN WÜRDEN, WÜRDE ICH GAR KEINE SOMMERFERIEN MEHR HABEN WOLLEN …
NICHT IM ERNST, ODER? AUSSERDEM HABEN WIR NOCH ZWEI WOCHEN FERIEN.
OH, SORRY … ICH MUSS LANGSAM WIEDER LOS. MEIN INTENSIV-KURS BEGINNT GLEICH.
ICH WOLLTE NOCH LÄNGER MIT DIR QUAT-SCHEN …
HACH, DU BIST ECHT FLEISSIG, AYUMI.
UND? HAST DU DICH ENTSCHIE-DEN, WAS DU NACH DEM AB-SCHLUSS MACHST?
DU HAST GESAGT, DASS DU ES DIR NACH DEM ZELTEN ÜBERLEGST.
HMM …
JA, RICHTIG …
ABER ES IST SCHWIERIGER, ALS ICH DACHTE …

ICH WAR AN MEHREREN UNIS UND HAB MIR ANGESCHAUT, ...
... WELCHE BERUFE FÜR MICH SPANNEND SIND.
ABER ICH WEISS NICHT, WAS AM BESTEN ZU MIR PASST.
JE MEHR INFOS ICH HABE, DESTO RATLOSER WERDE ICH.
ICH HAB KEINE AHNUNG, WAS ICH EIGENTLICH MACHEN WILL.
HMM ...
INTERESSE KOMMT JA IMMER AUS EINEM SELBST HERAUS.
ALSO MUSST DU EINFACH WEITERSUCHEN, BIS DU ETWAS FINDEST, ODER?

ABER WAS DU NACH DEM ABSCHLUSS MACHST, ...
... MUSST DU SEHR BALD ENTSCHEIDEN.
JA ...
...
JA, SIE HAT RECHT ...
ICH BIN WIEDER DA!
ICH MUSS KONKRET PLANEN, WAS ICH DANACH MACHE.
UND ICH WILL AUF KEINEN FALL OHNE ZIEL IN DEN TAG HINEIN-LEBEN ...

DIE EINFACHSTE LÖSUNG WÄRE, AUF EINE KURZ-UNIVERSITÄT ZU GEHEN!
UND DORT, WO ICH RELATIV LEICHT EINEN STUDIENPLATZ KRIEGEN KANN ...
HI, ERIKA!
KOMMST DU KURZ?
HALLO, ERIKA.
PAPA, DU BIST HEUTE ABER FRÜH DAHEIM.
WAS IST LOS?
WIR WOLLEN MITTE AUGUST NACH KYOTO FAHREN.
KOMMST DU MIT?

KYOTO?
EIN URLAUB?
JA, GERN, ABER WARUM JETZT?
NA ...
TANTE EIKO WOHNT DORT.
UND SIE MACHT GERADE EINE AUSSTELLUNG.
AUS-STELLUNG?!
ACH JA! SIE IST EINE GLAS-BLÄSERIN!
JA, GENAU.
WIR HABEN AUCH EINIGE STÜCKE VON IHR.
STIMMT!
ICH LIEBE DAS ROSA-FARBENE GLAS, DAS SIE GEMACHT HAT! ♡
AHA ...
DAS HÖRE ICH ZUM ERSTEN MAL ...
LERNT GERADE

JA!
UND WIR HABEN EINE EINLADUNG FÜR DIE AUSSTELLUNG BEKOMMEN.
AHA ...
DESHALB KÖNNEN WIR UNS IN DEN NÄCHSTEN TAGEN NICHT SEHEN.
ES TUT MIR LEID, DASS ICH DICH ALLEINE LASSE ...
GAR KEIN PROBLEM.
DU KANNST RUHIG EIN PAAR JAHRE DORT BLEIBEN.
AUSSERDEM HABEN WIR EH KEINE ZEIT.
HE HE ...
ICH BRINGE DIR AUCH WAS MIT, OKAY?
JA ...
ICH FREUE MICH DRAUF.
PIEP
ICH FREUE MICH DARAUF, MEINE TANTE WIEDERZU-SEHEN ...
LETZTES MAL HABE ICH SIE GETROFFEN, ALS WIR OPAS GRAB BESUCHT HABEN ...

…
OH …
ICH MUSS NOCH MIT MAMA ÜBER DIE UNI REDEN …
NA JA …
DAS MACHE ICH, WENN WIR AUS KYOTO ZURÜCKKOMMEN.
JR 京都 Kyoto
WOW!
KYOTO IST SO WARM.
UND HIER SIND SO VIELE TOURISTEN AUS DEM AUSLAND.
HAST DU EIKO ANGERUFEN? SIE HOLT UNS AB, ODER?
JA, SIE MEINTE, DASS SIE AM BAHNHOF AUF UNS WARTET …
OH!
HALLO, HIER BIN ICH!

HI, SHINICHI!
HEHE!
LANGE NICHT GESEHEN!
DANKE, DASS IHR EXTRA AUS TOKYO GEKOMMEN SEID!
KEIN PROBLEM!
WO IST EIKO?
SIE IST IN DER AUSSTELLUNGSHALLE
DESHALB HAT SIE MICH HIERHERGESCHICKT.
ACH DU, PANTOFFELHELD!
JAJA, SIE IST 'NE DIKTATORIN!
DU BIST ABER RICHTIG GROSS GEWORDEN, ERIKA!
LETZTES MAL WARST DU VIEL KLEINER.
STEIGT INS AUTO!
WIR BRINGEN EUER GEPÄCK NACH HAUSE UND DANACH FAHREN WIR ZUR AUSSTELLUNG.
OKAY!
DANKE!

DAS IST DIE LETZTE FRAGERUNDE!

F: WAS IST DEIN LIEBLINGSSPRUCH BZW. LIEBLINGSWORT?

A: MEIN LIEBLINGSSPRUCH IST: „DAS WIRD SCHON KLAPPEN!“ ALLE SCHWIERIGKEITEN, DIE ICH BISHER HATTE, HABE ICH IRGENDWIE ÜBERWUNDEN. IMMER WENN ICH ANGST HABE, WIEDERHOLE ICH DEN SPRUCH, UM MICH ZU BERUHIGEN.
MEIN LIEBLINGSWORT IST DAS CHINESISCHE ZEICHEN FÜR „MORGEN“. DAS WAR DAS ERSTE SCHRIFTZEICHEN, FÜR DAS ICH VON DER GRUNDSCHULLEHRERIN EIN „SEHR GUT“ BEKOMMEN HABE.

DAS WAR'S MIT DER FRAGE- UND ANTWORTRUNDE!
ICH BEDANKE MICH BEI ALLEN LESERINNEN, DIE MIR FRAGEN GESCHICKT HABEN! (LEIDER KONNTE ICH NICHT AUF ALLE FRAGEN ANTWORTEN ...)
ES WAR EINE GROSSE HILFE, WEIL ICH SONST NICHTS ZU SCHREIBEN GEHABT HÄTTE. DAS LIEGT ABER DARAN, DASS ICH IN MEINER FREIZEIT NUR ZU HAUSE ZOCKE.
WIR SEHEN UNS WIEDER IM NÄCHSTEN BAND!
CIAO! ♡

*BEHEIZTER TISCH, DER MIT EINER DECKE ABGEDECKT IST

HIER IST ES.
EIKO IST BESTIMMT AM EMPFANG.
DANKE FÜRS FAHREN!
HALLO!
VIEL SPASS MIT DER AUS-STELL…
BRUDER-HERZ!
!!
COOL, DASS IHR GE-KOMMEN SEID!
SORRY, DASS ICH EUCH NICHT SELBER ABHOLEN KOMMEN KONNTE.
SCHON OKAY, SCHON OKAY …
SPRICH LEISER, DU BIST SO LAUT …

EIKO, HERZLICHEN GLÜCKWUNSCH!
DAS IST FÜR DICH!
WOW, WUNDERSCHÖNE BLUMEN!
VIELEN DANK!
AAAAH, ERIKA! WIR HABEN UNS LANGE NICHT GESEHEN!
HALLO, TANTE EIKO!
HACH …
DU BIST ABER RICHTIG GROSS GEWORDEN! LETZTES MAL WARST DU NOCH SO KLEIN …
AHA HA HA … ONKEL SHINICHI HAT DAS GLEICHE GESAGT.
ICH MUSS MICH UM MEINE GÄSTE KÜMMERN, ABER SCHAUT EUCH RUHIG DIE AUSSTELLUNG AN!
BIS NACHHER!
ENT-SCHUL-DIGUNG!
HABEN SIE NOCH BROSCHÜREN?
OH!
EINE SEKUNDE! ICH KOMME GLEICH!

SIE IST SO HEKTISCH …
WOLLEN WIR UNS DIE AUSSTELLUNG ANSCHAUEN?
JA.
JA, ICH KOMME SOFORT!
WOW!
SCHÖN! DAS MUSTER IST SO FILIGRAN!
SO EINE VASE MÖCHTE ICH AUCH FÜR UNSER WOHNZIMMER HABEN! ♡
ES IST DAS ERSTE MAL, DASS ICH IHRE WERKE RICHTIG SEHE.
MÄDELS LIEBEN SOLCHE DINGE …
HAAAH …
HAT SIE SICH DAS ALLES ALLEINE AUSGEDACHT? DIESE FARBE UND FORM …
JA, BESTIMMT! SIE HAT WIRKLICH EIN GROSSES TALENT.
ALL DAS KANN MAN AUCH AUS GLAS HERSTELLEN.
ICH HABE NUR EIN PAAR HERKÖMMLICHE GLÄSER ZU HAUSE …

UNGLAUBLICH, …

… DASS SOLCHE WUNDERSCHÖNEN DINGE VON MENSCHENHÄNDEN GEMACHT WURDEN …

DAS IST WIRKLICH SÜSS!

JA!

ÄHM …

DARF ICH DAS FOTOGRAFIEREN?

JA, SELBSTVERSTÄNDLICH!

ICH MACHE JETZT AUCH EIN FOTO …

KLICK

ICH BIN GANZ STOLZ AUF MEINE TANTE!
HUAAAH, DAS IST ALLES SO WUNDERSCHÖN!
WAS FÜR EIN SCHÖNER ANBLICK!
JA, TOTAL BEEINDRUCKEND …
JETZT MÖCHTE ICH AUCH WAS FÜR MICH KAUFEN.
30.000
* CA. 250€
JA, SCHON KLAR … ES WURDE JA HANDGEMACHT …
DAS IST GAR NICHT TEUER. ICH BEZAHLE JA FÜR IHR TALENT …
OBWOHL ICH DOCH NICHT SO VIEL GELD HABE …
MURMEL
MURMEL

WIR HABEN ZU HAUSE EINE GANZE MENGE SOLCHES ZEUG! DU KANNST DIR GERNE ETWAS AUSSUCHEN UND NACH HAUSE MITNEHMEN!

ECHT?

ABER DAS KANN ICH NICHT ...

KEIN PRO-BLEM!

ICH DURFTE DEINEN ONKEL HEIRATEN! DAFÜR MUSS ICH MICH REVANCHIE-REN!

HEY, HEY ...

YEAAAH!

WIR SCHLIESSEN BALD. WENN ICH FERTIG AUFGERÄUMT HABE, KÖNNEN WIR NACH HAUSE FAHREN.

MEIN MANN HOLT UNS AB.

DANN HELFE ICH DIR BEIM AUFRÄUMEN!

DANKE!

PROOOST!
KLONK
AHAAH
AAAAAAH!!
LECKEEER!!
MAMA LÜGT.
SIE HAT AB UND ZU HEIMLICH BIER GETRUNKEN.
DEINE MAMA IST 'NE LÜGNERIN!
DAS SOLLTEST DU NICHT NACHMACHEN, OKAY?
EIN BISSCHEN ALKOHOL SCHADET NICHT!
DAS GIBT MIR ENERGIE FÜR MEINE ARBEIT!
STARR
EIKO, DU TRINKST GERNE, WAS?
JA, NATÜRLICH!
UND DAS SCHMECKT MIR JETZT NOCH BESSER, WEIL ICH SEIT DER VORBEREITUNG FÜR DIE AUSSTELLUNG NICHTS MEHR GETRUNKEN HABE!
HEY, KEI! DU HAST VERSPROCHEN, DASS DU DAS NICHT WEITERERZÄHLST!
EIKO, HAST DU DIESE TELLER AUCH SELBST GEMACHT?

JA, GENAU!
FAST DAS GANZE GESCHIRR, DAS WIR ZU HAUSE HABEN, IST VON MIR.
WOW ...
COOL ...
DU BIST WIE EINE ZAUBERIN!
SOJASOSSE
AHA HA HA!
EINE ZAUBE-RIN?
ERIKA, DU ÜBERTREIBST!
WIE SÜSS!
ÜBERHAUPT NICHT! ICH KANN MIR KAUM VORSTELLEN, WIE MAN SO WAS MACHT.
HA HA
MÖCHTEST DU DENN AUCH EINE ZAUBERIN WERDEN?

HÄ …?
MEIN ATELIER IST GLEICH NEBENAN.
ICH KANN DIR ZEIGEN, WIE MAN DAS MACHT!
GEHT DAS DENN, ALS VÖLLIGER ANFÄNGER?
JA, AUF JEDEN FALL!
ICH VERANSTALTE MANCHMAL WORKSHOPS FÜR ANFÄNGER!
UND SCHWIERIGE SACHEN ÜBERNEHME ICH.
MÖCHTEST DU ES PROBIEREN?
…
J… JA, SEHR GERN!
OKAY!
DANN MACHEN WIR DAS MORGEN!
ES DAUERT, BIS DER OFEN HEISS WIRD.
DANKE, EIKO!
GERN GESCHEHEN.

GUT! DANN FANGEN WIR AN!
JA!
ZUERST MUSST DU DICH FÜR EIN DESIGN ENT-SCHEIDEN.
WUPP
OKAY!

ÜBERLEG DIR DIE FARBE UND DAS MUSTER.
DAS MUSTER MALT MAN ÜBRIGENS MIT FARBIGEN GLASTROPFEN.
HMM, WAS MACHE ICH DANN ...
ICH LIEBE ROSA ...

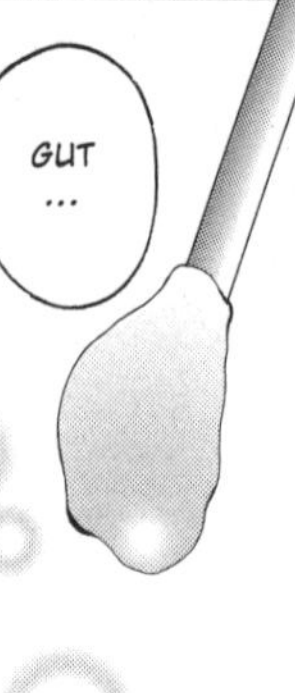

HÄ? DA PASSIERT NICHTS ...
DU MUSST NOCH KRÄFTIGER PUSTEN.
JA, GENAU! DREH MAL DIE STANGE!
STELL DIR VOR, DU WÜRDEST DAS GLAS UM DIE STANGE WICKELN.
KONZENTRIERT
...
SO WARM! SCHAU MAL, WIE DOLL ICH SCHWITZE!
AHA HA HA.
DIE RAUMTEMPERATUR IST ÜBER 40 GRAD!
HÜBSCH AUSSEHEN KANNST DU GLEICH VERGESSEN!
WIE BREIT MÖCHTEST DU ES HABEN?
DAS IST ZU BREIT ...
UND SO MACHST DU DEN BODEN GERADE ...
HMM ...
NOCH EIN BISSCHEN BREITER ALS DAS ...
OKAY, DANN MACH WEITER SO.
OH ...

JETZT MÜSSEN WIR DAS EINEN TAG LANG ABKÜHLEN LASSEN.
MORGEN IST ES FERTIG.
GE...
GE-SCHAAAAFFT!
HURRA!
HACH...

TANTE EIKO, ICH BIN SOOO GLÜCKLICH!
ES SIEHT GENAUSO AUS, WIE ICH ES MIR VORGESTELLT HABE!
JA, DAS IST EIN TOLLES GEFÜHL, ODER?!
GENAU DAS IST DIE MOTIVATION FÜRS KREATIVE ARBEITEN!
COOL!
ICH HAB'S WIRKLICH GESCHAFFT!
DAS SCHENKE ICH KYOYA ... ♡
HAT DIR DIE GLASBLÄSEREI SPASS GEMACHT?
JA!
DANKE, EIKO!
DIESMAL HAST DU 'NEN TRINKBECHER GEMACHT, ABER ES GIBT NOCH VIELES, WAS MAN MIT GLAS MACHEN KANN.
ZUM BEISPIEL ...
SO ETWAS!

KANN MAN MIT GLAS SCHMUCK MACHEN?!
WIE SÜSS!
JA, NATÜRLICH!
OBWOHL MAN DAFÜR VIEL ERFAHRUNG BRAUCHT.
WOW ... DAS HÖRT SICH ECHT INTERESSANT AN!
JA, ODER?
MAN KANN AUCH EINEN LAMPENSCHIRM, EINE BLUMENVASE ODER EIN WINDGLÖCKCHEN HERSTELLEN ...
ES GIBT NOCH VIELES MEHR, DAS KANN ICH GAR NICHT ALLES AUFZÄHLEN.
UND DAS IST SOGAR MIT ALLEN FARBEN UND FORMEN MÖGLICH.
DIE MÖGLICHKEITEN DER GLASBLÄSEREI SIND UNBEGRENZT.
UND ICH LIEBE MEINE ARBEIT, WEIL MAN SO VIEL MACHEN KANN.

EIKO …
JA?
ARBEITEST DU GERADE AN IRGENDWAS?
ICH MÖCHTE GERN ZUSEHEN!
OKAY!
HMM, WAS NEHMEN WIR DENN DA?
ALSO …
ICH ERINNERTE MICH …
… AN MEINE KINDHEIT …
DAMALS WAR ALLES, WAS ICH DRAUSSEN GESEHEN HABE, NEU …
SCHAU MAL!
WOW!
… UND ES HAT MIR IMMER SPASS GEMACHT, ETWAS NEUES ZU LERNEN.
BOIN

DIE TAGE, ...
... DIE ICH BEI MEINER TANTE VERBRACHT HABE, ...
... WAREN TRAUMHAFT, GENAU WIE IHRE WERKE ...
ACH JA, ÜBRIGENS ...
ICH FAHRE MIT EUCH ZURÜCK NACH TOKYO.
WAS?! DAS HAST DU MIR GAR NICHT ERZÄHLT!
ICH WAR SCHON LANGE NICHT MEHR IN TOKYO, WEIL ICH VIEL ZU TUN HATTE.
UND ICH WILL MEINE MAMA BE-SUCHEN.
KÜMMERST DU DICH UM DAS ATELIER UND KEI?
OKAY ...
VIELEN DANK!
CIAO!

DING DONG

ICH BIN WIEDER DA!

OH, SEIT WANN BIST DU ZURÜCK?
SEIT GESTERN!
UND ICH WOLLTE DIR MEINE GESCHENKE GEBEN.
KANN ICH REIN?

IST DAS DEIN ZUHAUSE ODER WAS?

AHA ...
DAS HAST DU GEMACHT?
JA, MIT HILFE VON MEINER TANTE.
DAS UND DAS HABE ICH AUCH GEMACHT!
ALLES „MADE BY ERIKA"!
HAST DU AN EINEM KURS TEIL-GENOMMEN?
DAS HAT VIEL MEHR SPASS GEMACHT, ALS ICH GEDACHT HABE!
AHA ...
WARST DU BEIM LERNEN? ENTSCHULDIGE, DASS ICH DICH GESTÖRT HABE ...
KEIN PRO-BLEM.
ICH FALL SCHON NICHT DURCH, NUR WEIL DU KURZ VORBEI-GEKOMMEN BIST.
UNI
DU WILLST AN DIE H-UNI GEHEN, RICHTIG?
JA ...
DAS IST NICHT WEIT ENTFERNT VON HIER UND DAS FACH GEFÄLLT MIR.

HAST DU DICH NOCH IMMER NICHT ENT-SCHIEDEN?
...
HMM ...
ICH GEHE ZUR KURZ-UNIVERSITÄT IN DER NÄHE ...
WEIL ICH NOCH NICHT RICHTIG WEISS, ...
... WAS ICH IN ZUKUNFT MACHEN MÖCHTE.
DAS IST DIE RICHTIGE ENTSCHEIDUNG, ODER?
WARUM NICHT?

ABER OB DU ÜBERHAUPT 'NE UNI FÜR DEIN NIVEAU FINDEST ...

ICH LERNE SCHON DAFÜR!

GUCK

EINE ANDERE MÖGLICHKEIT HABE ICH JA MOMENTAN NICHT.

DANN BEWIRB DICH DOCH AUCH BEI DER H-UNI!

HÄ?

DU WILLST IMMER BEI MIR BLEIBEN, ...

... ODER?

!!

ACH, VERGISS ES ...
DU KENNST DOCH MEINE NOTEN. DAMIT WERDE ICH NIE DIE AUFNAHMEPRÜFUNG BESTEHEN.
ACH, DAS SCHAFFST DU SCHON!
LERN SO FLEISSIG, BIS DU KREPIERST! KEINE SORGE, SO WEIT KOMMT ES EH NICHT.
KYOYA, DU BIST GEMEIN!
HA HA HA!
BEI DER H-UNI HABE ICH GAR KEINE CHANCE ...
ICH MUSS MIT MEINEN ELTERN DARÜBER REDEN, WAS ICH MACHEN WILL ...
HEY, ERIKA!
DA BIST DU JA!

TANTE EIKO! WEISST DU, WO MEINE MAMA IST?
SIE IST EINKAUFEN GEGANGEN.
VER-STEHE ...
...
WAS IST LOS? DU WIRKST BETRÜBT.
SORRY, ICH GEHE KURZ VORBEI.
HÄ?
NEIN! MIR GEHT'S GUT!
ICH WAR KURZ IN GEDANKEN, WEIL ICH NACHHER MIT MEINER MAMA BEREDEN MUSS, WAS ICH NACH DEM ABSCHLUSS MACHE ...
ACH JA, DU BIST JA SCHON IN DER 12. KLASSE.
HAST DU SCHON EINE IDEE, WAS DU DANACH MACHEN WILLST?
HMM ...
EIGENT-LICH JA, ABER ...
...
EIKO ...
WOLLTEST DU IMMER EINE GLASBLÄSE-RIN WERDEN, SCHON ALS DU KLEIN WARST?

NEIN, VIEL SPÄTER ERST.
ICH GLAUBE, DAS WAR UNGEFÄHR IN DEINEM ALTER, ALS ICH MICH DAZU ENTSCHIEDEN HABE.
IN DER ELFTEN KLASSE.
UND WIE BIST DU DARAUF GEKOMMEN?
MEINE OMA HAT GLASMALEREI GEMACHT …
… UND ICH HABE IHR OFT BEI DER ARBEIT ZUGESCHAUT.
UND IRGENDWANN HATTE ICH LUST, SELBER EIN GLASPRODUKT HERZUSTELLEN.
AHA …
WAS HAST DU GEMACHT, UM GLASMACHERIN ZU WERDEN?
ICH HABE EINE AUSBILDUNG GEMACHT …
… UND NEBENBEI IN EINEM ATELIER EINER BEKANNTEN GEARBEITET UND GEÜBT …
VERSTEHE …

WO HAST DU DEINE AUSBILDUNG GEMACHT? IN TOKYO?
MUSS MAN DAFÜR WAS SPEZIELLES MITBRINGEN?
...
HAST DU INTERESSE AN EINER HANDWERKS-ARBEIT?
!
BUMM
ÄHM ... NA JA ...
ICH WEISS NICHT, OB ICH DAS INTERESSE NENNEN SOLL ...
ICH WAR NUR EIN BISSCHEN NEUGIERIG ...
HMM ...

DU WÄRST ABER EINE GUTE HAND-WERKERIN.
HÄÄ? WARUM?
WIE EIN PROFI!
DIE MEISTEN WORKSHOP-TEILNEHMER LACHEN UND QUATSCHEN NEBENBEI …
ABER DU WARST GANZ KONZEN-TRIERT.
…
ICH WOLLTE NUR WISSEN, WIE'S BEI DIR WAR.
ALLES KLAR.
ABER ICH GEBE DIR TROTZDEM EINEN TIPP.

INTERESSE ZU HABEN, IST SO, ...
... WIE WENN MAN SICH IN JEMANDEN VERLIEBT.
ES PASSIERT NUR, WENN DIR ETWAS AM HERZEN LIEGT.
ALSO HÖR AUF DEINE INNERE STIMME.

OKAY?

NEIN, EIKO.

ABER ICH KANN MICH NICHT SO SPONTAN FÜR EINEN BERUF ENTSCHEIDEN.

ES PASSIERT NUR, WENN DIR ETWAS AM HERZEN LIEGT.

ALSO, HÖR AUF DEINE INNERE STIMME.
ICH WEISS, ES IST QUATSCH …
KLACK

BOOK
DIE WELT DER GLASBLÄSEREI
ABER WENN ICH DARAN DENKE, MERKE ICH, WIE MEIN HERZ SCHNELLER SCHLÄGT, ...
... ALS HÄTTE ICH MICH IN JEMANDEN VERLIEBT ...

WELT DER GLASBLÄSEREI
DIE WELT DER GLASBLÄSEREI
GRP
FORTSETZUNG FOLGT.

HAJIME MURAI:
URSPRÜNGLICH HATTE ICH NICHT VOR, AKIS FREUND AUFTAUCHEN ZU LASSEN. ER IST ABER DOCH IN DIESEM BAND ERSCHIENEN UND HAT SOGAR DER WEITEREN STORY-ENTWICKLUNG SEHR GEHOLFEN! HAJIME, ICH DANKE DIR! DEN NAMEN HABE ICH VON EINEM YOUTUBER AUSGELIEHEN.
IRGENDWIE WURDE ER IMMER MUSKULÖSER ...

← ERIKA

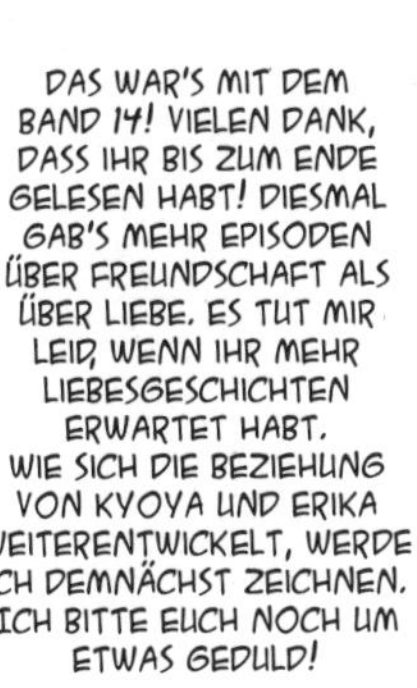
DAS WAR'S MIT DEM BAND 14! VIELEN DANK, DASS IHR BIS ZUM ENDE GELESEN HABT! DIESMAL GAB'S MEHR EPISODEN ÜBER FREUNDSCHAFT ALS ÜBER LIEBE. ES TUT MIR LEID, WENN IHR MEHR LIEBESGESCHICHTEN ERWARTET HABT.
WIE SICH DIE BEZIEHUNG VON KYOYA UND ERIKA WEITERENTWICKELT, WERDE ICH DEMNÄCHST ZEICHNEN. ICH BITTE EUCH NOCH UM ETWAS GEDULD!

IRGENDWANN MÖCHTE ICH EINE EPISODE ÜBER DIE FREUNDSCHAFT ZWISCHEN ERIKA UND AYUMI ZEICHNEN, WENN ICH DIE GELEGENHEIT DAFÜR HABE. ICH HOFFE, DASS WIR UNS IM NÄCHSTEN BAND WIEDERSEHEN! BIS BALD!
OKTOBER 2015
AYUKO HATTA

AYUKO HATTA

NEULICH HABE ICH
EINE STERNSCHNUPPE GESEHEN.
SIE VERSCHWAND ABER SO SCHNELL,
DASS ES VÖLLIG UNMÖGLICH WAR, IN
DIESEM KURZEN MOMENT DREIMAL
MEINE WÜNSCHE ZU WIEDERHOLEN. ES
IST WOHL LEICHTER, SICH SELBST DIE
WÜNSCHE ZU ERFÜLLEN. SO IST ES NUN
MAL. (ES WAR ABER TROTZDEM SCHÖN,
WIEDER EINE STERNSCHNUPPE
ZU SEHEN!)